TRISTAN BERNARD

SA SŒUR

PIÈCE EN TROIS ACTES

PERSONNAGES

Rimbert.............	MM. ANDRÉ LEFAUR.
Fister..............	BULLIER.
Lehugon.............	CLÉMENT.
Le docteur Barillier...	LEUBAS.
Gastelin............	SANCE.
Félix...............	LEBRETON.
Rouillon............	ANDER.
Henri de Chevalet....	NÉRAC.
Séraphin............	MARIUS DARLAY.
Un Jardinier........	FÉRET.
Jeannine............	Mmes SUZANNE GOLDSTEIN
Lucie...............	DULUC.
Clémentine..........	CAUMONT.
Rita................	BIGNON.
Maud................	PRINCE.
Thaïs...............	TEMPLEY.
Yvonne..............	DARTIGNY.
Une Femme d'hôtel....	RAYNAL.
Une Femme de chambre.	GRÉVIL.

La scène se passe de nos jours.

ACTE PREMIER

La scène représente un salon très clair, dans une maison de campagne. Ce salon est éclairé de chaque côté par deux grandes fenêtres. Il prend également jour par une baie sur une espèce de serre vitrée très éclairée.

Au lever du rideau, Lucie arrange des fleurs dans des vases. Elle est aidée par une femme de chambre et par un domestique qui transporte des vases de l'une à l'autre. Puis Lucie et les domestiques sortent.

Scène première

FISTER et LEHUGON, sur le seuil de la porte.

Ils viennent de faire une partie de billard.

FISTER. — Ça y est ! Ça fait bien cinquante.

LEHUGON. — Et ça fait bien dix francs.

FISTER. — Je te les dois, je n'ai plus de monnaie.

Les cloches cessent de sonner quelques instants après que Lucie, la bonne et le domestique ont quitté la scène. Fister et Lehugon descendent en scène.

FISTER. — Qu'est-ce qu'elles ont donc à sonner, ces cloches ?

LEHUGON. — Eh bien, c'est le curé qui les a fait sonner à l'occasion des fiançailles de ma fille.

FISTER. — Ah ! c'est vrai.

LEHUGON. — Ah ! c'est vrai... Tu l'avais oublié que ma fille se fiançait. Et c'est un ami, ce Fister ! Heureusement que tu t'en souviendras en venant dîner ce soir...

FISTER. — C'est ce soir le dîner de fiançailles ?

LEHUGON. — Eh bien, tu ne t'en es pas aperçu ? La maison est sens dessus dessous depuis ce matin.

FISTER. — Ah ! diable, diable...

LEHUGON. — Pourquoi diable ?

FISTER. — C'est parce que, ce soir, je ne pourrai pas venir dîner.

LEHUGON. — Si tu me faisais cela... Tu n'assisterais pas au dîner de fiançailles de ma fille !

FISTER. — Mon vieux, tu comprends, je suis désolé, mais je ne peux pas faire autrement ; les courses de Deauville finissent à cinq heures...

Lehugon. — Mais tu as bien le temps d'être ici pour dîner, voyons. Nous sommes à trente-cinq kilomètres du Havre.

Fister. — Oui, mais je suis obligé d'aller tout de suite après à la vente de chevaux.

Lehugon. — Tu achètes des chevaux, toi, maintenant ?

Fister. — Non. Mais j'ai promis à Spindel d'enchérir pour lui.

Lehugon. — Spindel le milliardaire ?

Fister. — Oui, il ne peut enchérir lui-même parce que tout le monde lui tombe dessus lorsqu'il est sur un cheval et qu'on lui fait payer plus cher qu'aux autres.

Lehugon. — Et qu'est-ce que Spindel te donne pour ça ?

Fister. — Rien, c'est un service amical.

Lehugon. — Eh bien, alors, ça lui coûte cher...

Fister. — Ça lui coûte cher... ça lui coûte cher... Comme c'est aimable de me dire ces choses-là...

Lehugon. — Oh ! mon vieux, tu ne me feras pas croire... Tu lui as sûrement fait prendre des actions de ton ballon dirigeable, hein ?

Fister. — Il m'a pris cinq mille francs d'actions, parce que l'affaire l'emballe absolument.

Lehugon. — Oui, oui, je vois ça. Tu as été obligé de l'arrêter ; il voulait tout prendre... Ce que tu as dû l'embêter pour l'amener là...

Fister. — Lehugon, je t'assure, tu es insupportable, et je te prie...

Lehugon. — Voyons, combien en as-tu placé de ces actions depuis un an ?... Pour vingt mille francs ? Pour trente mille francs ?...

Fister, *boudeur.* — Trente-huit mille.

Lehugon. — Trente-huit mille. Et, en fait de ballon, tes actionnaires n'ont jamais vu qu'une automobile, bien dirigeable celle-là, puisque tu la diriges toi-même vers les différents champs de courses normands.

Fister. — Lehugon, tu n'as pas le droit de me dire des choses pareilles.

Lehugon. — Ce n'est pas vrai que tu t'es acheté une automobile aux frais de tes actionnaires ?

Fister. — C'est inexact. La voiture m'a été fournie par Lebruchin. C'est une voiture de sa fabrication, et je la lui ai bel et bien payée.

LEHUGON. — Payée ?...

FISTER. — Comptant.

LEHUGON. — Avec quoi ?

FISTER. — Avec quinze mille francs.

LEHUGON. — En quoi ?

FISTER. — En actions.

LEHUGON, riant. — Oh ! bon, bon. Je sais bien que Lebruchin a fait une affaire de publicité. Il s'est dit : il est très répandu, ce vieux Fister...

FISTER. — Ce vieux Fister !

LEHUGON. — Ce petit Fister est très répandu ; il fera mousser ma marque... Ce pauvre Lebruchin sait bien qu'il ne verra jamais son argent.

FISTER. — Il le verra comme tous mes autres actionnaires.

LEHUGON. — C'est bien ce que je dis, pas plus que tes autres actionnaires pour qui cet aérostat ne descendra jamais des nuages.

FISTER. — Pour ce que tu m'as pris d'actions.

LEHUGON. — J'en ai pris pour deux mille francs, parce que j'ai voulu être bien poire une fois dans ma vie. Mais tu as tapé tout le monde ici, jusqu'à ma petite fille qui t'a confié ses économies.

FISTER. — Oh ! Quatre cents francs.

LEHUGON. — Je sais bien que tu prends ce qu'on te donne.

FISTER, avec une faible impatience. — Oh ! écoute, non, non.

LEHUGON. — Mais, mon vieux, je ne t'en veux pas, personne ne t'en veut. Il n'y a que toi qui croies un peu à ton dirigeable... Tu n'y crois pas beaucoup, mais tu y crois. Tout ce que nous te demandons, c'est de ne pas mettre dans cette affaire l'argent que nous te confions, et de le dilapider tranquillement pour tes menus plaisirs.

FISTER. — Je te laisse aller, je te laisse aller... mais je te convaincrai d'ici peu... Mon ingénieur a encore trouvé ces jours-ci un perfectionnement.

LEHUGON, vivement. — Oh ! non ! non ! je t'en prie, plus de perfectionnement. Chaque fois que tu parles de perfectionnement, c'est que tu vas nous sortir un appel de fonds. Je t'en supplie, dis à ton inventeur qu'il se tienne tranquille, qu'il ne perfectionne rien. Ah ! je n'ai jamais vu un ballon si perfectionné. Il ne lui manque que l'existence...

Félix entre avec des fleurs.

Scène II

LES MÊMES, FÉLIX

LEHUGON. — Est-ce que Mlle Lucie est dans sa chambre ?

FÉLIX. — Non, monsieur, elle est dans le jardin. Elle cueille des fleurs.

LEHUGON. — Et Mlle Jeannine ?

FÉLIX. — Elle est aussi dans le jardin.

LEHUGON. — Avec Mlle Lucie ?

FÉLIX. — Je ne crois pas, monsieur, elles ne sont pas du même côté.

Il sort.

Scène III

FISTER, LEHUGON, JEANNINE, LUCIE

LEHUGON. — Tu vois, elles ne sont jamais du même côté. (A ce moment, Jeannine rentre dans la serre par la porte de droite.) Voilà la petite. Elle aime bien sa sœur Lucie. Mais l'aînée n'est pas gentille pour elle. Pas gentille n'est pas le mot. Elle manque d'expansion, et la petite en souffre un peu. L'aînée est un peu trop... Comment dirai-je... (Entre Jeannine ; Lucie vient du fond de la baie.) Tiens, regarde-la. On dirait qu'elles ne se connaissent pas. Tiens... Oh ! moi qui voudrais les voir se parler, s'abandonner tendrement l'une à l'autre. Ça me ferait tant plaisir de les voir marcher enlacées dans les allées du jardin. Regarde-les. On dirait deux étrangères.

FISTER. — Ce sont des choses qui arrivent quelquefois quand les enfants ne sont pas de la même mère.

LEHUGON, l'imitant. — Ce sont des choses qui arrivent quelquefois quand les enfants ne sont pas de la même mère... C'est toi qui as découvert ça, c'est curieux... Tu n'es pourtant pas une bête. Et, quand on te parle de choses intimes, tu deviens d'une banalité... C'est parce que tu t'en fiches... D'ailleurs, ce que tu dis est vrai... Je sais bien, ma grande fille m'en a toujours voulu de m'être remarié. Mais, quand j'ai perdu ma seconde femme, ce deuil aurait dû rapprocher les deux enfants.

FISTER. — Tu n'as jamais été très tendre pour l'aînée.

LEHUGON, l'imitant. — Tu n'as jamais été très tendre pour l'aînée... Tu es bête... (Changeant de ton, et comme à lui-même.) Tu as peut-être raison. Qu'est-ce que tu veux ? C'est depuis que je me suis remarié. Elle avait six ou sept ans à cette époque. Mais c'était déjà une petite fille très raisonnable et très songeuse. Ça finit par être difficile d'être tendre avec un enfant boudeur et obstiné. Regarde-la. Elle est gentille pourtant. Pourquoi ne sourit-elle pas ? Elle m'a gâté ma vie. Mais, tout de même, je ne puis m'en vouloir et regretter de m'être remarié. Car, si je ne m'étais pas remarié, je n'aurais pas eu mon autre petite.

FISTER. — Et celle-là, tu en es fou.

LEHUGON. — Naturellement que j'en suis fou.

FISTER. — Elle est arrivée hier soir de chez ta belle-sœur.

LEHUGON. — Oui. Elle a accompagné sa tante à Vichy, elle y est restée un grand mois,qui m'a semblé terriblement long.

FISTER. — C'est qu'elle est vraiment gentille. Quel âge a-t-elle maintenant ?

LEHUGON. — Dix-sept ans. Elle a huit ans de moins que sa sœur.

A ce moment Jeannine sort par la porte de gauche, après avoir traversé la serre.

FISTER. — Lucie a déjà vingt-cinq ans ?

LEHUGON. — Elle les a depuis un mois. Il est temps qu'elle se marie.

FISTER. — Es-tu content de ce mariage ?

LEHUGON. — Je te crois. Voyons. Tu connais son fiancé mieux que moi. Il est, comme toi, du monde des courses. Ce doit être, d'ailleurs, un de tes actionnaires ?

FISTER. — Trois mille cinq cents.

LEHUGON. — Ça y est, tu l'as eu ! Espérons que ça va s'arrêter là, maintenant qu'il fait partie de ma famille.

FISTER. — Ah ! bien, non. Tu ne vas pas recommencer ?

LEHUGON. — Enfin tu es payé pour savoir que c'est un aimable homme et qu'il a une situation de fortune assez rare.

FISTER. — Ah ! ça c'est vrai. Il n'y a que du bien à dire sur son compte.

LEHUGON. — Alors, pourquoi me demandes-tu bêtement si je suis content ?

FISTER. — Parce que ta fille n'a pas l'air enchanté.

LEHUGON. — L'as-tu déjà vue enchantée de quelque chose ? C'est son caractère d'être ainsi. Il semble qu'elle déserte la joie.

FISTER. — Tu n'es pas gentil non plus quand tu parles d'elle.

LEHUGON. — J'ai tort, mais je t'ai dit pourquoi... (Le regardant.) Mon cher, tu sais toujours trouver des façons désagréables de me dire la vérité... C'est peut-être ce qui m'attache à toi.

FISTER. — Quelle heure as-tu ?

LEHUGON. — Quelque chose comme dix heures et demie.

FISTER. — Je m'en vais donc à midi. Il faut que je sois aux courses à deux heures à Deauville. Et il y a près d'une heure avec ma voiture d'ici au Havre, pour prendre le bateau.

LEHUGON. — Eh bien, où vas-tu déjeuner ?

FISTER. — J'ai demandé qu'on me serve un petit thé.

LEHUGON. — Ah ! ce vieux Fister. Il ne perd jamais le nord. Il a pensé à son déjeuner aux frais de l'actionnaire.

FISTER. — Oh ! un petit thé.

LEHUGON. — Tu aurais pu demander deux œufs avec...

FISTER. — Je les ai demandés, avec un peu de poulet.

LEHUGON. — Ah ! bien. Quand tu en prends un peu...

FISTER. — Comme je n'assiste pas à ton dîner de ce soir, c'est un petit dédommagement.

LEHUGON. — Qu'est-ce que tu vas faire aux courses ? Encore perdre notre argent ?

FISTER. — Je compte bien en gagner. J'ai quelque chose de très sérieux : une pouliche inédite de l'écurie Rivière : Martha II. Veux-tu que je la joue pour toi ?

LEHUGON. — Mets dix francs pour moi, si ça te fait plaisir.

FISTER. — Bon. Dix francs.

LEHUGON. — Ceux que je t'ai gagnés tout à l'heure. Ça me suffit.

FÉLIX. — Monsieur est servi !

LEHUGON. — Je vais voir mes enfants... Monsieur est servi.

Il sort.

Scène IV

FÉLIX, FISTER

FISTER, à lui-même. — Dix francs !

FÉLIX. — Alors, ça doit gagner, Martha II, monsieur Fister ?

FISTER. — Une chance de premier ordre.

FÉLIX. — Voulez-vous me mettre quelque chose dessus ?...

FISTER. — Mais oui, mon ami.

FÉLIX. — Voilà cinq louis. (Fister le regarde.) Je ne veux pas trop me risquer aujourd'hui... Un cheval inédit, ce n'est jamais bien sûr...

FISTER. — Vous avez beaucoup d'économies, Félix ?

FÉLIX. — Oui, monsieur, la maison est bonne, surtout en ce moment, avec tout le monde qu'on reçoit pour les fiançailles. Monsieur le fiancé est très généreux.

FISTER. — Qu'est-ce que vous faites de votre argent ?

FÉLIX. — J'en ai un peu à la caisse d'épargne. J'ai quelques obligations.

FISTER. — Ça ne vous rapporte pas grand'chose, tout ça ?

FÉLIX. — Oh ! non, pas grand'chose.

FISTER. — Ça me fait penser que vous avez touché beaucoup de pourboires ici, et que, moi, j'ai toujours oublié...

Il tire de l'argent de sa poche.

FÉLIX. — Non, monsieur... Non, monsieur... Monsieur n'a pas besoin de me donner de pourboires.

FISTER. — Mais, mon cher ami...

FÉLIX. — Je ne demanderai qu'une chose à

monsieur.

FISTER. — Qu'est-ce que c'est ?

FÉLIX. — Monsieur a des actions de ballon dirigeable ?

FISTER. — Oui, mon ami...

FÉLIX. — Eh bien, que monsieur ne cherche jamais à m'en placer.

Il sort par la gauche.

FISTER, après l'avoir regardé s'en aller. — Quel imbécile!

Entre Jeannine par le fond.

Scène V

JEANNINE, FISTER

JEANNINE, à Fister. — Eh bien, notre vieux dirigeable, comment ça va ?

FISTER. — Vous voyez.

JEANNINE. — Et votre nacelle ?

FISTER. — Ecoutez, ne me parlez plus de ce ballon.

JEANNINE. — C'est pourtant vous qui m'en avez parlé le premier... mon cher ami d'enfance... de mon enfance à moi... De quoi voulez-vous qu'on parle ?

FISTER. — Du mariage de votre sœur. Est-ce que vous êtes contente ?

JEANNINE. — Moi, je suis contente quand il lui arrive quelque chose d'heureux.

FISTER. — Plus contente qu'elle ?

JEANNINE. — C'est son caractère. Mais vous avez remarqué qu'elle est encore triste ? Pourtant, il paraît que son fiancé est tout à fait gentil.

FISTER. — Comment, il paraît ? Vous ne le connaissez pas ?

JEANNINE. — Non, je suis une étrangère. J'arrive de Vichy, où je suis allée passer six semaines en compagnie d'un fauve ?

FISTER. — D'un fauve ?

JEANNINE. — Oui, ma tante Clémentine. Une très brave femme... presque aussi embêtante qu'une méchante femme... mais une très brave femme. A Vichy, tous les domestiques de l'hôtel étaient terrorisés. Ils n'arrivaient jamais quand elle avait besoin d'eux. Plus elle criait, moins on venait ; et moins on venait, plus elle criait... J'étais la seule personne capable de la dompter.

FISTER. — Le fait est qu'elle est un peu effrayante. Est-ce qu'elle est ici ?

JEANNINE. — Elle est ici. Vous allez même avoir le plaisir de la voir, mais vous ne la verrez pas longtemps : il faudra vous consoler, car elle repart tout de suite à deux lieues d'ici, aux environs de Fécamp... Elle a découvert une sorte d'hôtel anglais, dans un beau parc. Elle va s'installer là pour dévorer tout le monde.

FISTER. — Elle n'assiste pas aux fiançailles de sa nièce ?

JEANNINE. — Non. D'abord vous savez bien que Lucie n'est pas sa vraie nièce, puisque la tante Clémentine est la sœur de ma maman à moi.

FISTER. — C'est tout de même bizarre qu'elle n'assiste pas au dîner de fiançailles.

JEANNINE. — Elle est souffrante, — qu'elle dit. La vérité est qu'elle se porte comme un bronze, mais elle est dans une rage froide et concentrée parce que papa ne s'est pas adressé à elle pour organiser le dîner. Elle me l'a dit à moi, en me priant de ne le répéter à personne. Mais comme elle vous le dira elle-même.

FISTER. — Il me semble que vous la traitez bien, votre tante ?

JEANNINE. — J'ai beaucoup d'affection pour elle. Mais je vois ses défauts. Et elle en a quelques-uns. Il y aura beaucoup de monde, cet après-midi, à Deauville ?

FISTER. — Pourquoi changez-vous la conversation ?

JEANNINE, à demi-voix, sans tourner la tête. — Parce que voilà la personne elle-même qui s'approche.

Entre Clémentine.

Scène VI

LES MÊMES, CLÉMENTINE

JEANNINE. — Bonjour, ma tante.

CLÉMENTINE. — Bonjour, mon petit chéri... Tiens, c'est Fister... Bonjour, monsieur Fister.

FISTER. — Bonjour, mademoiselle.

CLÉMENTINE. — Bon appétit... (Entraînant Jeannine à

droite, à demi-voix.) Je n'ai jamais vu une maison où l'on serve à déjeuner à toutes les heures du jour.

JEANNINE. — Il s'en va aux courses.

CLÉMENTINE. — Il s'en va aux courses. Ce n'est pas une raison pour déranger et ennuyer tout le monde, ici. Enfin, c'est un invité ! Et ton père aime les invités... On lui sert des bouteilles de vin. Je suis sûre que c'est de ce vieux bordeaux que mon pauvre père aimait tant... C'est un cru excellent... Ce n'est pas du vin d'invité.

JEANNINE. — Mais nous n'en buvons pas ici. Qu'est-ce que tu veux qu'on en fasse ?

CLÉMENTINE. — Qu'on le garde... Enfin, c'est toujours la même organisation. C'est pour ça que je m'en vais ce soir. (Revenant à Fister.) Eh bien, Monsieur Fister, vous allez aux courses ?

FISTER. — Oui, mademoiselle, je vais aux courses... Et vous, mademoiselle, vous partez aussi ?

CLÉMENTINE. — Oui, mais pas de votre côté.

FISTER. — Il paraît que vous n'assistez pas au dîner de fiançailles ?

CLÉMENTINE, d'une voix forte. — Je suis souffrante. (Plus bas.) Entre nous, je ne suis pas souffrante, mais j'ai des raisons pour ne pas rester ici, des raisons que je vous demande la permission de garder pour moi... ou plutôt, je vais vous les dire. Je trouve absurde que M. Lehugon se mêle d'organiser lui-même le dîner. Et je veux protester par mon absence. Ah ! c'est un homme d'initiative, M. Lehugon. Ah ! parlons-en. Comment a-t-il pu arriver à élever deux enfants ? Il est vrai que je me suis occupée de Jeannine, et que Lucie s'est élevée toute seule.

JEANNINE. — Oh ! ma tante, ne dis donc pas tout le temps du mal de papa.

CLÉMENTINE, fortement. — Je l'aime beaucoup... mais je ne m'aveugle pas sur son compte... D'ailleurs, assez parlé de ton père...

Jeannine va arranger des fleurs dans le fond. Entre Yvonne.

Scène VII

LES MÊMES, YVONNE

YVONNE, entrant. — Mademoiselle, j'ai dit que l'on fasse atteler.

CLÉMENTINE. — C'est ce que vous avez fait ce matin ? Vous avez dit qu'on fasse atteler. Oh ! ma pauvre fille, vous allez vous fatiguer.

YVONNE. — Alors mademoiselle ne rentre pas ici pour dîner ?

CLÉMENTINE. — Ça vous dérange, ça vous contrarie ?

YVONNE. — Oh ! mademoiselle.

CLÉMENTINE. — Vous savez bien que je suis souffrante.

YVONNE. — Oh ! mademoiselle n'en a pas l'air.

CLÉMENTINE. — C'est ça, je n'en ai pas l'air. Je n'ai pas le droit d'être souffrante. Je n'en ai pas l'air. (A demi-voix, à Yvonne.) D'ailleurs, je vais très bien, et, si je m'en vais, c'est que j'ai des raisons pour ça. (Sévèrement.) Et vous n'avez pas à les connaître. (Changeant de ton, et plus aimablement.) Je ne veux pas rester ici, puisque c'est M. Lehugon qui organise le dîner... J'ai tort de vous dire ça à vous, parce que vous parlez à tort et à travers, et parce que vous allez le répéter à tout le monde aussitôt que je ne vous aurai plus sous les yeux. (Violemment.) Qu'est-ce que vous faites ici ? Voulez-vous vous en aller... (Yvonne sort.) Allons, je m'en vais... Au revoir, petite... Au revoir, monsieur Fister. Vous allez vous en aller au Havre dans votre automobile ? Car il fait de l'automobile ! Et vous empoisonnez la route avec votre pétrole et votre poussière. Grâce à vos affreux instruments, je vais faire deux lieues dans la poussière.

FISTER. — Il y a un moyen bien simple de ne pas attraper de la poussière, c'est de monter soi-même en auto. Comme ça, on fait de la poussière pour les autres, et l'on n'en a pas pour soi.

CLÉMENTINE. — Comment, les personnes qui vont en auto n'attrapent pas de poussière ?

FISTER. — Mais non, mais non. Je vais vous convertir à l'auto... Vous y viendrez, vous y viendrez.

CLÉMENTINE. — Je ne pense pas.

FISTER. — Vous y viendrez !

CLÉMENTINE. — Dites donc, si je prenais votre auto pour aller jusqu'à Fécamp.

FISTER, à lui-même. — Elle y vient plus vite que je ne voudrais... (Haut.) C'est qu'il faut que je parte dans une demi-heure.

CLÉMENTINE. — Votre machine sera revenue d'ici là... Jeannine, Jeannine, je vais aller en automobile. Je prends la voiture de M. Fister.

JEANNINE, à Fister. — Mes compliments !

FISTER. — Il n'y a pas de quoi... Si un pneu crève.

CLÉMENTINE. — Adieu, tout le monde. Jeannine, tu vas assister à un dîner qui sera un dîner bien ridicule. Fais-toi une raison...

Elle sort.

JEANNINE, à Fister. — Quel type ! Elle m'amuserait bien, si je n'étais pas préoccupée... Ne trouvez-vous pas que Lucie est un peu triste ? Croyez-vous que son fiancé l'aime bien ?

FISTER. — Ils ne se connaissent pas encore beaucoup. Mais je crois qu'il l'aimera. Elle lui plaît certainement.

JEANNINE. — Je suis contente de ce que vous me dites là. Je ne la voyais pas très gaie. Je sais bien qu'elle est toujours comme ça. Seulement, je me demandais si ce n'était pas parce qu'elle se figurait qu'elle ne lui plaisait pas assez.

FISTER. — Je ne crois pas. Maintenant, on ne sait jamais... Tout ce qu'on peut dire, c'est que c'est un mariage bien assorti.

JEANNINE. — Oui, elle a vingt-cinq ans. Il n'a pas tout à fait trente ans.

FISTER. — Il est relativement plus jeune qu'elle.

JEANNINE. — Et il est plus jeune de caractère, à ce que dit papa. Mais papa prétend que Lucie a le caractère chagrin. Ce n'est pas vrai. Elle est plus sérieuse que moi, voilà tout. Elle a l'air un peu froid avec papa et moi, mais elle nous aime beaucoup.

FISTER. — Oui.

JEANNINE. — Pourquoi faites-vous : oui, comme ça ? Pensez-vous qu'elle ne nous aime pas ?

FISTER. — Mais si, je suis sûr qu'elle vous aime.

JEANNINE. — Alors, laissez-nous tranquille avec vos oui ! Il est agaçant, ce vieux dirigeable ! Vous me faites de la peine exprès en disant que Lucie ne m'aime pas. Je sais bien que ce n'est pas vrai, j'en serais trop malheureuse. (Exaltée.) Et je suis contente aujourd'hui, c'est jour de fête à la maison...

Lucie entre par le fond, prend un livre.

Scène VIII

LES MÊMES, LUCIE

JEANNINE. — Ah ! te voilà...

LUCIE. — Mais oui.

JEANNINE. — Tu lis quelque chose d'intéressant ?

LUCIE. — Oui, oui.

Elle repose le livre.

JEANNINE, à Fister. — Ah ! Fister, c'est terrible les gens qui ne s'abandonnent pas. On voudrait leur parler gentiment, tendrement. Et l'on est si mal reçu qu'on n'ose plus. Alors on voudrait leur donner une preuve éclatante de l'amitié qu'on a pour eux. On voudrait les vaincre, et qu'ils vous ouvrent les bras d'eux-mêmes, et qu'ils s'abandonnent enfin. Alors, comme on s'en payerait de les embrasser. Tenez, regardez-la, quand elle... (Elle se lève et va à Lucie, au piano.) Tiens, c'est joli, ce que tu joues là.

LUCIE. — Tu sais qu'il est onze heures bientôt, Jeannine, et si tu dois t'habiller...

JEANNINE, avec empressement. — Oui, oui, Lucie... Ton fiancé va bientôt venir, n'est-ce pas ?

LUCIE, distraitement. — Oh ! oui, il va venir.

JEANNINE. — Je suis bien contente de faire sa connaissance. (A Fister, pendant que Lucie range des fleurs.) Vous ne mangez pas, Fister ?

FISTER. — Oh ! moi, avec un peu de thé...

JEANNINE. — C'est curieux, je ne sais jamais quoi lui dire. Avec elle, la conversation s'éteint tout de suite. (Haut.) Alors, tu es contente, ma petite Lucie ?

LUCIE. — Mais oui, mais oui...

JEANNINE, à Fister. — Voilà comment elle me parle... Vous ne buvez pas, Fister ?

Elle prend la théière.

FISTER, vivement, l'écartant. — Pas de thé, pas de thé...

JEANNINE. — Elle me considère comme une enfant. Je n'y mets pas de vanité et j'accepte très volontiers qu'elle me parle comme à une enfant, si elle me parlait avec plus de tendresse. (A Lucie.) Alors, tu vas me présenter ? Je crois que je l'aimerai beaucoup, tu sais. Il a l'air très gentil sur sa photographie. Est-ce que tu as vu ma robe que l'on m'a apportée pour ce soir ?

LUCIE. — Oui, oui. Très jolie.

JEANNINE. — Tu ne trouves pas que, sur le côté, c'est un peu trop plat ?

LUCIE. — Peut-être un peu.

JEANNINE, à Fister. — Ah ! lui parler ainsi, lui dire n'importe quoi, des choses qui m'intéressent le moins, comme c'est douloureux ! Savez-vous l'heure qu'il est ?

FISTER. — Onze heures.

LUCIE, descendant, à Fister. — Eh bien, ça va mieux, monsieur Fister ?

FISTER. — En ce moment je suis préoccupé...

LUCIE. — Oui, de votre déjeuner.

FISTER. — Oui. Non, non. Je dois partir tout à l'heure en automobile. Ma voiture ne va pas très vite...

JEANNINE. — Vous pourrez prendre celle du fiancé de Lucie, qui doit arriver en automobile. (A Fister.) Elle a l'air impatientée. C'est peut-être parce qu'il n'est pas là.

Coup de sonnette.

LUCIE, vivement. — On a sonné à la grille.

JEANNINE. — Ce n'est pas encore ton fiancé. On aurait entendu l'automobile...

Lucie va au fond et fait un signe de tête.

FISTER. — C'est lui ?

LUCIE. — Non, c'est le docteur...

FISTER. — Quel docteur...

LUCIE. — C'est un docteur qui habite le pays. C'est un doteur de Paris, très distingué. J'ai fait sa connaissance cet hiver chez ma tante. Je l'ai rencontré ici. (Gênée.) Je lui avais demandé une ordonnance pour la migraine... Il n'avait pas la formule sur lui... Alors, il a eu la complaisance de me l'apporter.

FÉLIX. — Le docteur Barillier.

Entre le docteur. C'est un homme de trente-cinq à quarante ans, avec une grande barbe.

Scène IX

LES MÊMES, BARILLIER

LUCIE. — Bonjour, docteur.

BARILLIER, à Lucie. — Mademoiselle... (A Jeannine.) Mademoiselle. (A Fister.) Monsieur. Je n'ai pas l'avantage d'être connu de vous. J'ai connu mademoiselle votre fille à Paris.

FISTER. — Ma fille ?

BARILLIER, continuant. — Je suis heureux de faire votre connaissance.

LUCIE. — Ce n'est pas mon père.

BARILLIER. — Oh ! Mettons que je n'ai rien dit...

FISTER. — Et que vous n'êtes pas heureux de faire ma connaissance ?

BARILLIER. — Si fait !... si fait !...

LUCIE, les présentant. — Le docteur Barillier, médecin des hôpitaux... M. Fister...

JEANNINE, entre ses dents. — Dirigeable...

FISTER. — Allons, allons... Excusez-moi. (A Lucie.) Mais je suis un peu pressé... (Au docteur.) Comme je dois partir dans une demi-heure.

JEANNINE. — Moi, je vais m'habiller. M. Rimbert ne va pas tarder à arriver. (A Fister.) Et comme on doit nous présenter.

Ils sortent ensemble. Lucie et Barillier restent un instant en silence.

Scène X

LUCIE, BARILLIER

BARILLIER. — Je sais bien, j'ai eu l'air d'un imbécile.

LUCIE. — Mais non.

BARILLIER. — Mais si. Mais je ne sais plus ce que je fais en ce moment. Heureusement que je n'ai pas de malades à soigner ici. Je ne sais pas ce qui arriverait. Je suis fou à l'idée que l'on vous fiance aujourd'hui. Mais ce n'est pas possible, dites, ce n'est pas possible.

LUCIE, après un temps, énergiquement. — Ecoutez, ça ne se fera pas...

BARILLIER. — Non, il ne faut pas que ça se fasse... Nous nous aimons...

LUCIE. — Mais oui.

BARILLIER. — Nous nous sommes promis l'un à l'autre.

LUCIE. — Mais oui.

BARILLIER. — Je ne puis concevoir que vous ayez laissé aller les choses si loin... n'auriez-vous pu dire à ce jeune homme...

LUCIE. — Non, mon ami... vous savez comme je suis, je ne parle pas facilement...

BARILLIER, souriant. — Mais...

LUCIE. — Oh !... Avec vous, ce n'est pas la même chose, mais avec les autres, je ne peux pas être aimable... pourquoi ? C'est peut-être parce que je me suis sentie un peu isolée étant toute petite ?... avec mon père, avec ma petite sœur, je m'efforce d'être gentille, mais ma voix sonne mal. Quand je leur parle, je déteste le son de ma voix... c'est curieux, plus on est gentil avec moi, plus on me fait des avances, plus il m'est difficile d'être aimable... mais vous, la première fois que je vous ai vu, vous m'avez fait l'effet d'un gros ours, vous étiez encore plus embarrassé que moi... ça m'a mise en confiance... Est-ce bizarre ? M. Rimbert, celui que l'on veut me faire épouser, c'est un très bon garçon, et très fin, vous savez, et plein de mérites... eh bien, dans les quelques entretiens que nous avons eus ensemble je n'ai jamais pu être aussi aimable avec lui que je l'aurais voulu...

BARILLIER. — Mais, dites donc, je ne vous demande pas ça.

LUCIE. — Soyez tranquille, si j'ai souhaité d'être plus liée, plus familiarisée avec lui, c'est pour pouvoir lui dire que je ne voulais pas l'épouser.

BARILLIER. — Et vous allez vous fiancer ce sori... Et il va venir s'installer ici... mais si vous n'avez pu lui parler à lui... vous auriez pu... à votre père...

LUCIE. — Y pensez-vous !... Mais vous ne pouvez imaginer dans quels termes je suis avec mon père, il ne m'a jamais rien dit de sévère, nous n'avons jamais eu de différends pour quoi que ce soit, mais je ne peux pas lui parler, ça me glace ! J'ai peur de sa colère que je n'ai jamais vue. Qu'arriverait-il si mainteant, au point où en sont les choses, je lui disais que je ne veux pas me marier ?

BARILLIER. — Voulez-vous que je lui parle ? Je vous l'ai déjà proposé.

LUCIE. — Sans enthousiasme.

BARILLIER. — Sans enthousiasme, mais fermement. Je n'ai pas beaucoup d'audace, je le sais. Je suis un homme d'étude. Je n'ai pas eu affaire avec les hommes. Vous savez que je ne fais pas de clientèle à cause de ça. Je soigne bien un malade à l'hôpital, mais que voulez-vous, jamais je n'oserais me présenter dans des familles et parler pendant un quart d'heure avec autorité, demander aux gens si leurs enfants ne se surmènent pas, si leur maison de campagne n'est pas trop humide, s'ils se couchent tôt, s'ils se lèvent de bonne heure, si leur filtre filtre bien, et ne pas retenir un mot de tout ce qu'on me répond... Je craindrais le ridicule à avouer ces timidités à d'autres qu'à vous. Mais j'ai confiance en vous, vous savez pourquoi ?

LUCIE. — Je sais pourquoi. Mais vous pouvez me le répéter.

BARILLIER. — Parce que je vous aime. Voilà une chose que je n'ai pas peur d'affirmer. J'en suis bien sûr, plus sûr que de toute ma médecine... Si je parlais à votre père, je ne pourrais que lui répéter tout le temps : « J'aime votre fille, j'aime votre fille... » Et, si je lui parlais de ma situation, ça deviendrait piteux. Je n'ai que de petites rentes, de quoi vivre bien modestement à nous deux. Si je vaux quelque chose, c'est par mes travaux scientifiques, pour lesquels mes maîtres et mes camarades m'ont donné des marques... des marques d'estime.

LUCIE. — D'admiration...

BARILLIER. — Non, non, pas de mots comme ça.

LUCIE. — Ce sont pourtant les mots justes, et ce sont ceux-là qu'il faudrait dire à mon père. Autrement, on ne produira sur lui aucun effet.

BARILLIER. — Il vaut mieux que je ne lui parle pas... Mais comment empêcherons-nous...

Lehugon apparaît à la porte.

Scène XI

LES MÊMES, LEHUGON

LEHUGON. — Lucie, je crois que l'automobile de M. Rimbert vient d'arriver. J'ai entendu du bruit dans le jardin.

LUCIE. — Oui, mon père... Le docteur Barillier. (A Barillier.) C'est mon père.

BARILLIER. — J'avais peur de me tromper encore une fois, j'avais peur de me tromper...

LUCIE. — Le docteur Barillier, que j'ai rencontré chez ma tante, et qui a l'amabilité de m'apporter une ordonnance pour la migraine.

LEHUGON. — Vous habitez Paris, docteur ?

BARILLIER. — Oui, monsieur.

LEHUGON. — Et dans quel quartier ?

BARILLIER. — Boulevard Saint-Germain.

LEHUGON. — Oh !

BARILLIER. — Oh ! tout au bout...

LEHUGON. — Ah !... votre clientèle est surtout sur la rive gauche ?

BARILLIER. — Oh ! j'ai très peu de clientèle.

LEHUGON. — Ah ! ça ne va pas comme vous voulez ?

BARILLIER. — Euh... euh...

LUCIE. — Le docteur ne dit pas qu'il ne fait pas de clientèle.

LEHUGON. — Vous faites de la médecine en amateur ?

BARILLIER. — Oui... oui...

LUCIE. — Le docteur ne dit pas qu'il s'occupe de travaux scientifiques.

LEHUGON. — Ah ! très bien, très bien !

LUCIE. — Le docteur est un de nos savants les plus distingués.

BARILLIER. — Oh ! oh !

LEHUGON. — Vraiment ? les plus distingués...

BARILLIER, esquisse d'abord un signe de protestation, mais sur un signe menaçant de Lucie. — Oui... oui...

LEHUGON, à part. — Il n'est pas modeste... Docteur, si vous habitez dans ce pays, vous nous ferez plaisir en venant nous dire bonjour de temps en temps. Ce n'est pas pour vous prendre des consultations pour rien. Vous dites vous-même que vous n'exercez pas.

BARILLIER. — Je suis toujours à votre disposition pour les conseils.

LEHUGON. — Oh ! les médecins savants me font un peu peur. Je crains toujours qu'ils ne viennent faire des expériences... (A Lucie.) Lucie, voici ton fiancé.

Entre Rimbert.

Scène XII

LES MÊMES, RIMBERT

RIMBERT, à Lucie. — Mademoiselle. (A Barillier.) Monsieur...

LEHUGON. — Le docteur... dont vous avez certainement entendu parler... le docteur...

BARILLIER. — Barillier.

LEHUGON. — Le docteur Barillier.

RIMBERT. — En effet, je crois me souvenir.

LEHUGON. — Je vous laisse avec votre fiancée. Reste avec ton fiancé, Lucie. Je vais montrer le chemin au docteur. (Au docteur, en s'en allant.) Ils se fiancent ce soir ; on peut les laisser ensemble... Il doit être impatient, ce garçon-là, d'être seul avec elle ; ils sont charmants...

Chantonnant.

Fermons les yeux, fermons les yeux,
Ne gênons pas les amoureux...

Ils sortent tous deux.

Scène XIII

LUCIE, RIMBERT

RIMBERT. — Vous m'excuserez d'arriver si tard, mademoiselle.

LUCIE. — Mais vous n'êtes pas trop en retard...

RIMBERT. — Oh ! ce n'est pas gentil, ça : moi, je trouve que je suis en retard et vous, vous ne vous en apercevez pas.

LUCIE. — Je vous demande pardon, en effet, je ne savais pas l'heure.

RIMBERT. — Ne cherchez pas à vous excuser. Je ne doute pas de votre gentillesse, de votre complaisance, car vous êtes une personne très sage et pleine de bienveillance, seulement vous n'êtes pas impatiente de me voir.

LUCIE. — Mais, je vous assure...

RIMBERT. — Je n'ai pas le droit de vous le reprocher... Mais ça m'ennuie un peu tout de même ?... Ecoutez, mademoiselle, je ne vous dirai pas que je vous aime. Je sais que vous n'aimez pas qu'on vous parle ainsi. Nous savons bien que nous avons été présentés par des amis communs, de la façon la plus banale, et que nos deux familles, après avoir jugé que nos situations allaient bien ensemble, ont décidé de nous marier. Alors, il n'y a pas eu, dans notre cas, de rencontre miraculeuse et de coup de foudre. Seulement, au fur et à mesure que je m'approchais de vous, j'ai senti que vous me plaisiez de jour en jour davantage. Vous me charmez... Seulement, vous me faites un peu peur. Il me semble que vous ne vous humaniserez pas. Je commence à sentir — je ne dirai pas que je vous aime — mais que je tiens beaucoup à vous, que j'ai chaque jour plus de plaisir et d'impatience à l'idée que je vais vous voir. Voilà ce que j'ai, moi, pour vous. Seulement, ce que vous avez, vous, pour moi, ça n'est plus ça du tout.

LUCIE. — Mais si, je vous assure...

RIMBERT. — C'est de la déférence, c'est de la politesse... ce n'est pas... ce n'est pas de l'amitié.

LUCIE. — Ça viendra...

RIMBERT. — Ça viendra-t-il ? Vous n'en savez rien ; vous ne le croyez pas... Voyons, Lucie... mademoiselle Lucie, je n'y comprends rien... Je ne dis pas qu'il est impossible de ne pas m'aimer, je ne suis pas bête à ce point, mais je suis un être généreux, plein d'expansion... Eh bien, chez vous, absolument rien ne répond à ça. Mon élan vient se briser contre vous, comme contre un mur... J'ai dû vous sembler un peu froid tous ces temps-ci... c'était à cause de ça. Vous me figiez... (Silence.) Voilà que ça me reprend... Enfin... Je vais donner des instructions pour qu'on installe mes bagages.

LUCIE. — Ecoutez !...

RIMBERT. — Dites...

LUCIE. — Vraiment, il faut que je vous parle franchement... Il arrivera ce qui arrivera... Il y a longtemps que je remets pour vous le dire... Je n'ai pas osé à cause de mon père, pour les raisons que je vous dirai tout à l'heure... Mais en vous écoutant parler tout de suite, en vous voyant si ardent, si généreux, j'ai pensé que j'étais une honnête fille, et que je ne devais pas vous épouser en en aimant un autre...

RIMBERT, au bout d'un instant. — Voilà... voilà... C'est ce que je craignais...

LUCIE, doucement. — Je vous demande pardon...

RIMBERT. — Vous me parlez pour la première fois avec une voix gentille... et ce n'est pas ça qui va diminuer mes regrets.

LUCIE. — Alors, vous ne m'en voudrez pas ?...

Vous m'en voudrez sans doute de vous avoir dit ça si tard... Ecoutez... Vous êtes un peu mon ami maintenant, puisque je vous ai fait de la peine... je vais vous dire tout. Si je n'ai pas refusé de vous épouser, c'est que j'ai peur de mon père. Vous savez comme je suis avec lui et comme il est avec moi. Je ne peux pas lui parler... Alors, n'est-ce pas, j'ai laissé aller les choses... Je vous en demande pardon.

RIMBERT. — Taisez-vous... Est-ce que j'ai un pardon à vous donner ? C'est moi qui vous prie de ne pas m'en vouloir de la torture que je vous ai infligée sans le savoir. Pauvre petite... Mais j'aurais dû vous parler plus tôt... Alors, c'est vrai, vous aimez quelqu'un ?... Eh bien... ça me fait plaisir que vous aimez... Je regrette que ce ne soit pas moi, mais j'aime mieux vous voir attendrie comme vous êtes maintenant, même pour un autre, que froide, rigide, comme vous l'avez été pour moi.

LUCIE. — Oh ! vrai... vous êtes gentil... Tenez... il faut que je vous embrasse.

RIMBERT. — C'est le premier, c'est le dernier... il est bon tout de même...

LUCIE. — Mais ce n'est pas tout. Maintenant que nous avons rompu, qu'est-ce que nous allons dire ?...

RIMBERT. — C'est bien simple... Je vais aller trouver votre père et je lui rendrai sa parole.

LUCIE — Et que lui direz-vous ?

RIMBERT. — Je lui dirai la vérité : que vous ne m'aimez pas, que vous ne pouvez pas m'aimer... Ce n'est pas moi qui pourrai lui dire que vous en aimez un autre...

LUCIE. — Ni moi non plus... Je n'oserais jamais... D'autant plus qu'il ne voudra jamais entendre parler de... celui que j'aime... Monsieur Rimbert, ce n'est pas ça qu'il faut dire... Ce que je veux pour le moment, c'est gagner du temps. Or, si je dis que je ne veux pas vous épouser, sans donner la raison vraie, et qui est la seule valable, mon père ne consentira jamais, et en tout cas, il ne consentira pas tout de suite. Mes fiançailles sont annoncées, on intercédera auprès de moi, on me suppliera, et je n'aurai pas de bonne raison à donner... Non. Puisque vous êtes mon ami, il faut que vous me rendiez un grand service... Ce n'est pas moi qui peux vous quitter, il faut que ça soit vous ; il faut que vous partiez...

RIMBERT. — Sous quel prétexte ?

LUCIE. — Sous aucun... J'ai cessé de vous plaire.

RIMBERT. — Ah ! mais, c'est que c'est très grave ce que vous me demandez là... Mais je ne vois pas du tout comment c'est possible. Vous avez l'amabilité de me dire qu'il n'est pas vraisemblable qu'à moins d'en aimer un autre vous ne vouliez pas de moi. Mais c'est encore mille fois plus invraisemblable de penser que, moi, je vous quitte sans raison.

LUCIE. — Oui, mais vous, vous partez... et l'on ne sera pas autour de vous à vous ennuyer et à vous demander les raisons. Monsieur Rimbert, vous m'avez dit que vous étiez mon ami... je vous en prie, lâchez-moi...

RIMBERT. — Mais quand un homme se conduit ainsi vis-à-vis d'une jeune fille, c'est un affront...

LUCIE. — Oh ! je vous en prie... faites-moi cet affront...

RIMBERT. — Mais jamais je ne pourrai mentir et dire à votre père...

LUCIE. — Ecrivez. Mentez par écrit. C'est tout de même plus facile. Vous allez écrire sous ma dictée une lettre de rupture... Oh ! que je suis contente... C'est la première fois que quelqu'un, à part le docteur, est vraiment gentil pour moi.

RIMBERT. — Le docteur ?

LUCIE. — Oui... Le monsieur que vous avez vu tout à l'heure.

RIMBERT. — Ah !... c'est ce monsieur ?

LUCIE. — Oh !... c'est un homme très bien. Vous ne le connaissez pas comme il est, mais c'est un homme très bien.

RIMBERT. — Oui, c'est votre avis, et vous le partagez ?... Mais où vais-je aller ? Tout ça change bien mes projets. Tout était organisé dans ma vie pour me marier... Et, d'un moment à l'autre...

LUCIE. — Allez retrouver des amis. Ils seront ravis de vous revoir. Ils croyaient vous avoir perdu... Quant à moi, savez-vous ce que je vais faire ? Je vais m'enfermer dans ma chambre et dans ma douleur... Je ne verrai personne, parce que je ne sais pas non plus très bien mentir et jouer la désolation quand il m'arrive d'être contente... et ce n'est pas souvent que je suis contente comme ça... C'est grâce à vous, monsieur Rimbert...

RIMBERT. — Parce que je vous lâche ?

LUCIE. — Vous trouvez que ce n'est pas flatteur ? Mais soyez tranquille : vous allez être pleuré comme jamais infidèle ne l'a été... Dépêchez-vous... Venez avec moi... Voilà des gens qui reviennent par là. Il ne faut pas qu'on nous aperçoive ensemble, et qu'on me voie cette figure heureuse... Venez, mon ami... Venez rompre avec moi...

RIMBERT. — Faut-il que je sois votre ami pour vous lâcher comme ça !...

Ils sortent à gauche. Lehugon rentre avec Félix l'instant d'après, par le fond.

Scène XIV

LEHUGON, FÉLIX, FISTER

LEHUGON. — Alors quoi, le jardinier s'est fait une entorse ?

FÉLIX. — Oui, monsieur, j'avais demandé un docteur ; celui du pays n'était pas chez lui. Alors on est allé à Clagny chercher ce docteur qui était là tout à l'heure.

LEHUGON. — Je n'ai pas grande confiance en lui... On a pris l'automobile de M. Rimbert ?

FÉLIX. — Non, monsieur, on a pris celle de M. Fister.

LEHUGON. — Il va être furieux... Le voilà...

FISTER. — Il paraît quon a pris ma voiture ?

LEHUGON. — C'est pour chercher un docteur : le jardinier s'est blessé.

FISTER. — On aurait pu prendre celle de ton futur gendre... Je suis déjà en retard pour les courses...

LEHUGON. — Eh bien, mon futur gendre te prêtera la sienne qui va beaucoup plus vite, et tu n'auras pas besoin de partir si tôt. Tu pourrais même aller à la vente et revenir ici pour dîner.

FISTER. — Ce n'est pas possible... Je dois dîner avec deux personnes avec qui j'ai une affaire en train.

LEHUGON. — Je me disais : il doit y avoir du ballon là-dessous... qui est-ce, ces deux personnes ?

FISTER. — Tu les connais : Gardoban, le marchand de bronze, et Riquette, le fils du banquier.

LEHUGON. — Amène-les à dîner, ça te fera du bien.

FISTER. — Vrai ?

LEHUGON. — J'ai justement des vides, le notaire ne vient pas, et ma belle-sœur Clémentine m'a fait dire qu'elle était souffrante.

FISTER. — Alors, je peux les amener ?

LEHUGON. — Puisque je te le dis...

Jeannine entrant.

Scène XV

LES MÊMES, JEANNINE

JEANNINE. — Eh bien ? Q'est-ce qui se passe ? Fister qui devait partir de bonne heure ?

LEHUGON. — On lui a enlevé sa voiture, mais il va prendre la voiture de Rimbert. (Coups de trompe.) Qu'est-ce que c'est que ça ?

JEANNINE, à la fenêtre. — C'est une auto qui s'en va...

FISTER, à la fenêtre. — C'est Rimbert qui s'en va dans ma voiture ?...

JEANNINE. — Mais il faut l'appeler...

LEHUGON. — Où va-t-il ?

FISTER. — Il faut l'appeler...

LEHUGON. — Il est déjà loin. Qu'est-ce que ça veut dire ?

FÉLIX, entrant avec une lettre sur un plateau. — De la part de M. Rimbert, pour M. Lehugon.

LEHUGON. — De la part de M. Rimbert ?

Pendant qu'il la parcourt.

FISTER. — Et l'autre qui me prend ma voiture... Il faut être vraiment sans gêne...

JEANNINE. — Oh ! ce pauvre Fister...

LEHUGON, après avoir lu la lettre. — Ah ! mes enfants...

JEANNINE et FISTER. — Qu'est-ce qu'il y a ?

LEHUGON, à Jeannine. — Lis.

JEANNINE, lisant d'une voix entrecoupée. — « Monsieur... Je viens d'avoir un entretien avec Mlle Lucie... Je lui ai fait mes excuses... J'ai agi avec une légèreté coupable... Je me croyais libre, je ne le suis pas. Je suis forcé de vous rendre votre parole... »

LEHUGON. — Eh bien, vrai ?... Voilà du nouveau... (Appelant.) Félix !...

Scène XVI

LES MÊMES, FÉLIX

FÉLIX. — Monsieur ?

LEHUGON. — Où est mademoiselle Lucie ?

FÉLIX. — Elle est dans sa chambre, et s'est enfermée.

LEHUGON. — Cette pauvre Lucie !...

JEANNINE. — Elle est dans le désespoir... C'est terrible !...

LEHUGON. — Il faut immédiatement envoyer des dépêches et décommander tous nos gens... Tu vas écrire à ta tante.

JEANNINE, après réflexion. — Non, papa... Je vais y aller. Une lettre la bouleverserait... Je prendrai le train et je reviendrai demain.. .

LEHUGON. — Oui, c'est ça : vas-y et reviens vite. Je vais m'occuper de tout ça... (A Fister.) Après je verrai comment je dois prendre le procédé de ce M. Rimbert.

Il sort.

Scène XVII

LES MÊMES, moins LEHUGON

JEANNINE, à une bonne. — Mon manteau de voyage et mon chapeau gris... Fister...

FISTER. — Jeannine...

JEANNINE. — Où pensez-vous qu'il soit allé ?

FISTER. — Je ne sais pas.

JEANNINE. — Il dit qu'il n'est pas libre... Je ne suis pas une gosse... Je comprends très bien qu'il est allé rejoindre quelqu'un... Connaissez-vous cette quelqu'une ?

FISTER. — Mais...

JEANNINE. — Vous la connaissez... Où est-elle en ce moment ?

FISTER. — Je crois qu'elle est à Dieppe.

JEANNINE. — A Dieppe ?

FISTER. — Oui, à Dieppe.

JEANNINE. — Bon...

On entend une trompe d'auto.

FISTER. — C'est mon auto qui rentre. (Tirant sa montre.) Je suis désolé de vous laisser dans le désarroi, mais des affaires m'appellent à Deauville.

JEANNINE. — Non, Fister, vous n'allez pas à Deauville...

FISTER. — Comment ça ?

JEANNINE. — Vous venez à Dieppe avec moi.

FISTER. — A Dieppe ?

JEANNINE. — Cette pauvre Lucie est dans sa chambre qui pleure. Je cherchais une grande preuve d'amitié à lui donner, je vais lui ramener son fiancé...

FISTER. — Mais je ne peux pas aller à Dieppe.

JEANNINE. — N'oubliez pas que vous êtes dirigeable... (Entre Barillier suivi de Félix.) Ah ! vous voilà, docteur ?

Scène XVIII

FISTER, JEANNINE, BARILLIER, FÉLIX

BARILLIER. — On m'a fait demander pour une personne d'ici qui s'est donné une entorse.

JEANNINE. — C'est le jardinier !... Excusez-nous, docteur, nous partons...

FISTER. — La maison est en désarroi... quelque chose de grave : oui, on peut vous le dire : le mariage de Mlle Lucie est rompu...

Barillier tombe assis sur une chaise.

JEANNINE. — Qu'est-ce qu'il y a ? Voilà le docteur qui se trouve mal maintenant ?

BARILLIER. — Rien... Ça va mieux... (Très gaiement.) Ah !... le mariage est rompu... (Tristement.) Comme c'est triste... (Reprenant un ton joyeux.) Mais où est donc cette entorse ?

FÉLIX. — Le malade est par là. On ne sait pas si c'est une fracture.

BARILLIER, gaiement. — Ah !... très bien... très bien... Voyons la cette entorse...

JEANNINE. — Quel drôle de docteur... Je n'aurais pas confiance. (A Fister.) Venez...

Ils sortent.

RIDEAU

ACTE II

Au lever du rideau, Rita est en scène avec le petit Rouillon et un accompagnateur.

Scène première

RITA est en train de danser; MAUD DE MEULAN, THAIS COUTURIER ; CHEVALET avec le petit ROUILLON, sont en scène.

RITA danse depuis quelques instants. A Chevalet qui était resté depuis quelques instants sur le pas de la porte. — Entrez, Chevalet !

CHEVALET. — On peut ?

RITA. — Oui. A condition de vous asseoir et de vous tenir tranquille... Je répète... Le maire de Dieppe m'a demandé de danser jeudi, alors je répète un numéro nouveau : une danse-catalane, comme il n'y a pas grand monde dans cet hôtel, à cette heure-ci. (A Séraphin.) Séraphin !

SÉRAPHIN. — Voilà !

RITA. — Perds donc l'habitude de dire : voilà ! quand je t'appelle ! Tu n'es plus garçon de café.

SÉRAPHIN. — Comment faut-il dire ?

RITA. — Dis : Madame !... Tâche un peu qu'on ne nous dérange pas, et qu'il ne vienne pas de monde par ici.

SÉRAPHIN. — Sois tranquille !

RITA, levant les épaules, comme à elle-même. — On a toujours tort de prendre son cousin comme valet de chambre !

SÉRAPHIN, à un domestique qui passe dans le fond. — Si tu veux voir quelque chose d'intéressant... Elle va danser.

LE GARÇON. — Qui ça ?

SÉRAPHIN. — Ma cousine ; la belle Santarciéri.

Rita recommence à danser. Au bout de quelques instants, trois domestiques arrivent dans le fond.

THAIS. — Eh bien, en voilà de la galerie !

RITA, dansant. — Oh ! oui. Il y a du gardénia !

Elle continue à danser. Entre un groom.

MAUD. — Et voilà le chef de cuisine !

THAIS. — C'est un gala !

RITA. — C'est assez aujourd'hui !

Elle s'arrête. Les domestiques s'en vont.

CHEVALET, à Rita. — C'est vraiment bien commode, Rita, cette combinaison !

RITA. — Quelle combinaison ?

CHEVALET. — Eh bien, de venir vous installer ici, à l'hôtel, au lieu de louer une villa.

RITA. — Bien, c'est une idée de votre ami, Georges Rimbert.

CHEVALET. — Qui va se marier ?

RITA. — Vous pouvez le dire, vous savez, j'en suis consolée maintenant... L'année dernière, quand nous sommes venus ici, ensemble, nous avons pris une villa extraordinaire... Il avait payé trois mois de loyer pour quinze jours. Il m'avait dit que ça coûterait moins cher de louer à l'hôtel de Paris, et de prendre la moitié d'un étage... C'est ce que j'ai fait cette année. J'ai amené une femme de chambre et une domestique à moi, et j'ai en plus à ma disposition tous les domestiques de l'hôtel.

CHEVALET. — Alors, depuis, Georges s'est fiancé, Albert a pris sa succession, et c'est lui qui profite de sa bonne idée... Sa succession n'était pas mauvaise.

RITA. — Oui, la succession n'était pas mauvaise, et l'on savait qu'elle serait bonne, parce que c'était la succession de Georges. Je suis sûre que, si je suis devenue l'amie d'Albert, c'est parce que j'avais été auparavant l'amie de Georges... Il a une si bonne réputation que son choix était une recommandation.

CHEVALET. — Vous n'avez pas besoin de ça, chère demoiselle...

RITA. — Je pense bien... Mais je ne jurerai pas tout de même qu'Albert ne s'est pas dit : « Du moment que c'est la bonne amie de Rimbert, qui est un garçon très bien, c'est évidemment une femme très bien... Rimbert l'a choisie à son goût, et il l'a encore améliorée... »

CHEVALET. — C'est parfaitement vrai !... Fait-on une petite partie ?

RITA. — Ces dames ne jouent pas.

MAUD. — Jouez, jouez ! Nous causons.

RITA. — Allons ! faisons une petite partie... D'ailleurs la table est préparée par là, comme par hasard...

Elles entrent à gauche, dans un salon dont la porte reste ouverte.

Thais. — Quelle heure est-il ?

Chevalet. — Il est bientôt trois heures.

Rita. — Albert ne reviendra de Deauville qu'à sept heures... Nous pourrions jouer jusqu'à ce que nous sortions... hein ?...

Chevalet. — Oui, en attendant, jouons. Arrivez donc, Rouillon !

Rita. — Il est enragé celui-là !

Ils vont dans le salon à gauche.

Scène II

THAIS COUTURIER, MAUD DE MEULAN

Thais. — Tout de même, je regrette un peu de n'être pas allée à Deauville.

Maud. — Et moi, pas ! Cent cinquante kilomètres en auto, sans compter le retour... On arrive là-bas en trop mauvais état.

Thaïs. — J'y serais plutôt allée par mer. Le petit Loiseau voulait m'emmener sur son bateau.

Maud. — C'est encore pis. Moi, je ne veux plus aller sur mer. Je ne comprends le yachting que dans les ports. C'ess ce que j'ai fait l'année dernière avec Sarbourg. Nous avons fait tous les ports, Trouville, Granville, Dieppe. Nous habitions à bord du yacht, seulement, quand le bateau allait d'un port à un autre, nous le laissions s'en aller sur mer avec l'équipage et nous prenions le train. Ce qui n'empêche pas Sarbourg d'adorer le yachting et de porter une casquette avec une ancre dorée. Seulement il est comme moi, il déteste aller sur l'eau...

Thaïs. — Qu'est-ce que c'est que ce paquet que tu as dans la main ?

Maud. — C'est mon rôle dans la revue de l'Olympia. Est-ce que tu n'en as pas ?

Thaïs. — Si... Si... Mais je crois que je n'ai rien à dire... Toi, tu en as long ?

Maud. — Dix lignes... Je l'ai demandé d'avance, parce qu'il y a un couplet et que j'en ai bien pour un mois à le repasser avec ma maîtresse de chant, pour ne pas chanter faux. Mais ça ne fait rien. Je suis sûre que je chanterai faux le jour de la répétition générale. Du reste, le patron dit que ça vaut mieux, que tout le monde s'y attend, et que, si je ne chantais pas faux, il y aurait une grande déception dans la salle.

THAÏS. — Tu en as de la veine d'être si en vue. Moi, je voudrais bien être comme toi... mais je ne peux pas chanter, même faux. Je ne peux même pas parler... J'ouvrirais la bouche et rien ne sortirait... Alors je suis obligée de faire la pantomime... La maîtresse de ballet nous apprend des gestes et il faut les faire sans se tromper. C'est très difficile parce qu'on n'y comprend rien. Il faut absolument les apprendre par cœur. Il ne s'agit pas de regarder les autres, on serait en retard... Et puis tout le monde se regarderait et personne ne ferait rien.

MAUD. — Qu'est-ce que tu veux ? Maintenant, il faut être au théâtre. On serait si tranquille sans ça !... Mais on ne serait pas considéré... Et dire qu'il y a des gens qui font ça si facilement... Regarde Rita... elle chante et elle danse sans se donner de la peine.

THAÏS. — Elle, c'est une vraie artiste. D'ailleurs, je crois qu'elle n'aime que ça... Quand Rimbert l'a quittée pour se fiancer, ça s'est fait sans grande douleur. Elle a eu tout de suite un autre ami, parce qu'elle déteste la solitude...

MAUD. — Et puis il lui faut toujours avec elle quelqu'un à qui elle plaise, pour se dire : « Je suis bien... ce soir, je suis séduisante. Je peux aller de l'avant. Le public me fera du succès... » Elle m'a expliqué ça. Elle se rend bien compte de tout. C'est une femme intelligente !

THAÏS. — Ah ! que je voudrais être intelligente !

MAUD. — Laisse donc ! Tu n'as pas besoin de ça...

THAÏS. — Ce n'est pas parce que j'en ai besoin. C'est parce que ça doit être agréable. On comprend les journaux, les conversations...

Elles se lèvent et se rapprochent du salon où sont les joueurs.

MAUD, aux joueurs. — Eh bien ! Vous avez déjà fini ?

RITA, se levant. — Oh ! oui ! Moi, j'ai mal à la tête ; je quitte la partie.

ROUILLON. — Oh ! naturellement ! Elle gagne ce qu'elle veut ! Elle aime mieux quitter la partie !...

RITA. — Je n'aime pas ce jeu à trois... Même quand j'y gagne... Et puis, j'ai à travailler. Sans ça, je serais allée à Deauville, avec Albert. J'ai eu tort de ne pas y aller. On ne doit pas vivre comme un ours... Quand on sort, on voit du monde, et puis, les gens vous voient... Aux courses, on rencontre des auteurs, ça leur donne l'idée de travailler pour nous. Si on reste chez soi, la chance ne vient pas vous trouver. Il faut sortir un peu pour la rencontrer...

THAÏS, à Maud. — Moi, j'adore entendre causer cette femme-là !

MAUD. — Tu n'as pas l'air en train. Est-ce à cause du mariage de Rimbert ? Tu peux nous le dire, puisque Albert n'est pas là !

RITA, vient à elles. — Oh ! ce n'est pas Albert qui me gênerait si j'avais envie de le dire. Non. Je ne suis pas triste de ça... Je crois que c'est une bonne chose pour Georges de se marier. Et j'en suis contente. Je suis peinée de ne pas le voir, mais je suis contente de le savoir heureux. Moi, je vais de mon côté. J'ai assez de distractions comme ça... Séraphin !

Scène III

LES MÊMES, SÉRAPHIN

RITA, le regarde. — On a toujours tort de prendre son cousin comme valet de chambre. J'ai voulu faire une bonne action... Enfin !...

Coup de trompe d'automobile.

MAUD. — Tiens, voilà une auto que je connais.

THAÏS. — Il a une façon de prendre les virages, celui-là !...

SÉRAPHIN, entrant. — Rita !... (Se reprenant.) Non, je te demande pardon... Madame !...

RITA. — Qu'est-ce qu'il y a ?...

SÉRAPHIN. — C'est ton ancien bon ami... (Se reprenant.) C'est l'ancien bon ami de madame.

RITA. — Rimbert ?

SÉRAPHIN. — Oui, Rimbert.

RITA. — Monsieur Rimbert ?

SÉRAPHIN. — Monsieur Rimbert, si tu veux.

RITA. — Pourquoi revient-il ?

MAUD. — Pourquoi revient-il ?

SÉRAPHIN. — Pourquoi revient-il ?

RITA, à Séraphin. — Enfin, toi, je ne te demande rien. Va-t'en.

SÉRAPHIN, à Rimbert. — Entrez ! Entrez ! Vous intriguez bien les gens, allez !

RIMBERT. — Il est gentil !

RITA. — Par exemple !

Scène IV

LES MÊMES, RIMBERT

RIMBERT, entrant. — Oui, c'est moi... Vous ne m'attendiez pas. Bonjour, ma petite Rita... Ça me fait plaisir de te revoir. Bonjour, Maud.

S'inclinant devant Thaïs qu'il ne connaît pas.

RITA, la présentant. — Mademoiselle Thaïs Couturier, de l'Olympia...

THAÏS. — Engagée pour trois ans... Ah ! oui, je vous dis ça, parce qu'il y a beaucoup de personnes qui ne sont engagées que pour une pièce ou pour une revue. Ah ! moi, je suis engagée pour trois ans.

RIMBERT. — Je vous félicite, mademoiselle Thaïs Couturier.

MAUD, à Thaïs. — Laissons-les seuls...

RIMBERT, à Rita. — Voilà...

MAUD. — Il a l'air préoccupé. Il veut peut-être parler à Rita... Les hommes sont sur la terrasse en train de fumer. Allons près d'eux, sans en avoir l'air...

Elles s'éloignent.

Scène V

RITA, RIMBERT

RITA. — Qu'est-ce que cela veut dire ?

RIMBERT. — Eh bien, voilà : il y a du noveau, je ne me marie plus.

RITA. — Pas possible !

RIMBERT. — Je te raconterai ça tout au long... Enfin, la version officielle est que j'ai rompu parce que j'avais des attaches.

RITA. — Avec moi ?

RIMBERT. — Je n'ai pas spécifié. On pensera que c'est avec toi, ma pauvre Rita ! Tu ne t'attendais guère à avoir encore des attaches avec moi ? Je t'expliquerai tout cela. Je viens te voir comme ma seule amie...

RITA. — Tu es embêté ?

RIMBERT. — Je ne sais pas... Pas embêté précisément. Je suis plutôt un peu... je ne sais pas ! Je suis comme un monsieur qui est parti avec ses malles à la gare, qui a fait ses adieux à tout le monde, et qui revient après avoir manqué le train... Il tombe au milieu de gens qui étaient déjà habitués à son départ.

RITA. — Mais, mon vieux, tu te trompes ! Je suis très contente de te revoir.

RIMBERT. — Oui, je sais bien, seulement je ne serais pas revenu, tu en prenais bien ton parti... Et puis, n'est-ce pas, la maison est changée : je suis remplacé...

RITA, embarrassée. — Mais non, tu n'es pas remplacé...

RIMBERT. — Mettons que je ne suis pas remplacé, et disons qu'il y a quelqu'un à ma place !... (Vivement.) Enfin, tu comprends, Rita, que je ne suis pas venu te parler de ça ; ce qui est fait est fait. Nous avons rompu.

RITA, un peu gênée. — Oui, comme il n'y a plus entre nous — disons les choses franchement — de grand amour, nous ne voudrions pas, simplement parce qbe ça nous arrange mieux, débarquer tranquillement ce garçon qui est un très bon garçon ?

RIMBERT. — Ça va de soi ! Tu n'imagines pas que je suis venu te demander une chose pareille ?

RITA. — Non, comme tu dis, il n'y a plus de grand amour entre nous, mais je ne crois pas me tromper en disant qu'il reste quelque chose de pas ordinaire comme amitié. Oui, tu peux y compter !

RIMBERT. — J'ai confiance en toi, comme tu as confiance en moi. Au fond, Rita, tu es ma vraie famille. Je t'ai toujours considérée comme une parente.

RITA. — Oui. Et toi, tu as toujours été un garçon de famille.

RIMBERT. — Oui, de famille sans famille. Je n'ai plus que des frères et sœurs et je les vois bien peu.

RITA. — Et ça te manquait... La famille te manquait ! Je me rappelle bien que, les soirs où j'allais au concert, tu avais fini par ne plus m'accompagner. Tu restais chez nous, en pantoufles, en attendant paisiblement que ta vraie famille ait fini de danser à l'Olympia !...

RIMBERT, songeur. — Oui... C'est ce qui fait qu'aujourd'hui je me sens désorbité. J'ai quitté mon passé et voilà que mon avenir me laisse en plan ! Je suis comme un locataire expulsé qui n'a pas de gîte ! Me voici au milieu de la vie, assis sur ma petite valise.

RITA. — Ah ! qu'il est bête ! voyons ! Tu vas venir parmi nous, nous te recueillons.

RIMBERT. — Non. Je ne m'amuserais pas ici... (Sur un geste de Rita.) Oh ! s'il n'y avait que toi, ma chère Rita ! Mais l'idée de me retrouver avec ces petites demoiselles et avec ces messieurs qui les accompagnent ! Non, je te dis, j'aime mieux autre chose...

RITA. — Mais quelle autre chose ?

RIMBERT. — Je ne sais pas où aller.

RITA. — Enfin quoi ? Tu ne vas pas entrer au couvent ? Ecoute, sérieusement : nous allons te distraire.

RIMBERT. — Je ne sais pas comment vous y arriverez !

RITA. — Viens faire la cour à Maud où à la petite Couturier.

RIMBERT. — Sous aucun prétexte !

RITA. — Viens leur parler un peu... Oh ! et puis je veux bien te distraire, mais il faut y mettre de la bonne volonté.

RIMBERT, faisant un pas. — Allons !

RITA. — Viens ! Et d'ailleurs n'oublie pas que je suis ta famille, et qu'on doit obéir à ses parents.

Ils sortent. Fister et Jeannine entrent.

Scène VI

FISTER, tenant un grand carton de modiste, JEANNINE, porte un chapeau extraordinaire sur la tête.

JEANNINE. — Attendez ! Attendez !

FISTER. — Eh bien, vous voilà à Dieppe. Qu'est-ce que vous voulez faire maintenant à cet hôtel ? Est-ce que vous croyez que votre père serait content s'il savait que vous n'êtes pas chez votre tante ? Et puis, qu'est-ce que ce chapeau que vous m'avez fait acheter trois cents francs ?

JEANNINE. — Je vous les rendrai ces trois cents francs.

FISTER. — Je ne vous demande pas ça pour ça.

JEANNINE. — Mais vous seriez rudement attrapé si je ne vous les rendais pas. Maintenant, Fister, nous allons nous installer à cet hôtel.

FISTER. — Mais combien de temps allez-vous rester ici ?

JEANNINE. — Le temps qu'il faudra. (A une bonne qui entre.) Ah ! voilà la personne pour la chambre. La chambre que vous me donnez est par ici ?

LA BONNE. — Oui, par là, madame.

JEANNINE, à Fister. — Madame ! Elle m'appelle madame !... C'est le chapeau !

LA BONNE. — Vous serez tranquilles ici, monsieur, madame. Tout l'autre côté de l'hôtel est occupé par la même personne, Mlle Rita Santarcieri.

Elle entre à droite.

JEANNINE. — Fister ! Vous avez entendu ! Rita Santarcieri. C'est bien le nom que vous m'avez dit ! C'est la personne en question ? (Fister fait un signe de tête affirmatif.) Vous allez me présenter ?

FISTER. — Vous êtes folle ! Jamais je ne vous présenterai à cette personne-là. Sous aucun prétexte.

JEANNINE. — Vous direz que je veux faire du théâtre ? Vous savez que je prends des leçons de diction avec Silvain.

FISTER. — Ça n'a aucun rapport avec l'Olympia !... Rita est à l'Olympia, elle danse des danses portugaises... Silvain ne vous a pas appris à danser des danses portugaises ?

JEANNINE. — Fister, vous aller me présenter.

FISTER. — Jamais ! Vous entendez, jamais ! Votre père ne me pardonnerait pas. Et il aurait raison.

JEANNINE. — Bien. Alors ne me présentez pas. (A elle-même, chantant.) Je me présenterai moi-même.

FISTER. — Et puis, faites-moi le plaisir de rentrer par là. Il y a du monde. (Jeannine rentre par la droite.) Je vous rejoins.

Au moment où il fait entrer Jeannine par la droite, Rita, Maud et Thaïs entrent par la gauche.

Scène VII

MAUD, RITA, FISTER, THAIS, puis BOUILLON et CHEVALET.

MAUD, à Fister. — Eh bien, Fister, vous ne vous épatez plus !

FISTER. — Bonjour, bonjour !

THAÏS, à Rita. — Eh bien ! Eh bien ! Si tu avais vu la gentille femme qu'il a amenée en automobile.

MAUD. — Par exemple elle a un chapeau de très mauvais goût. C'est un chapeau qui était en montre chez Sidonie. Fister le lui a payé tout à l'heure, j'en suis sûre. (A Fister qui rentre.) Voilà Fister.

RIMBERT. — Bonjour.

RITA. — Fister est en bonne fortune, mon cher. Il paraît qu'il a une petite femme très jolie. Vous allez nous l'amener, Fister ?

FISTER. — Avez-vous bientôt fini ? C'est une jeune fille très comme il faut, qui m'a été confiée par sa famille.

RITA, riant. — Ah ! ce n'est pas mal ! Fister, miss anglaise. On confie des jeunes filles à Fister. Vous vous l'êtes confiée tout seul, vieille Fister.

FISTER. — Je vous prie de vous taire ! Ce n'est pas du tout ce que vous croyez.

RITA. — Oh ! c'est admirable ! Il est jaloux ! Eh bien, je ne croyais pas cela de vous. Je croyais que vous ne pensiez plus à ces choses-là, mon vieux camarade !

FISTER. — Qu'est-ce que vous voulez que je vous dise ? Je ne peux pas m'épuiser en dénégations. Croyez-moi, ou ne me croyez pas... Ça m'est égal.

RITA, se tournant vers Maud. — C'est vrai, je croyais qu'il s'occupait de ses affaires.

FISTER, à Rimbert. — Dites donc, Rimbert, présentez-moi donc à M. Chevalet.

RIMBERT, à Chevalet. — Cher ami, mon ami Fister veut faire votre connaissance. (Fister et Chevalet s'éloignent et sortent sur la terrasse. A Rouillon.) Chevalet va faire sa petite promenade en ballon comme les camarades.

ROUILLON. — Il n'y a pas de danger. Chevalet n'a pas de fonds à placer. Il chercherait plutôt, en fait de placement, à placer des fonds d'autrui chez lui... Vous avez vu la petite femme qui est avec Fister ?

RIMBERT. — Non.
ROUILLON. — La voilà.
Jeannine apparaît à droite.

Scène VIII

LES MÊMES, JEANNINE

JEANNINE, après avoir regardé à droite et à gauche, s'approche de Rita. — Madame Santarcieri ?

MAUD, à Rita. — C'est elle ! C'est la petite amie de Fister.

RITA. — Rita Santarcieri, c'est moi.

JEANNINE, s'approchant. — Madame, M. Fister devait me présenter à vous. Comme je ne le vois pas ici, j'en profite pour me présenter moi-même... J'ai désiré faire votre connaissance, parce que je voudrais entrer au théâtre.

RITA. — Venez donc, mademoiselle. (A Maud.) Elle est très gentille. (A Jeannine.) Vous avez déjà fait du concert ?

JEANNINE, embarrassée. — Du concert ?... Je ne sais pas, madame.

RITA. — Vous ne le savez pas ?...

JEANNINE. — C'est-à-dire, madame, que j'ai pris deux ans de leçons avec M. Silvain.

RITA. — Avec M. Silvain, de la Comédie-Française ?... Alors ça doit être plutôt du théâtre... Mais je vous vois aussi très bien au concert... vous êtes très gracieuse ! Avez-vous un peu de voix ?

JEANNINE. — Pour chanter ?

RITA, l'imitant. — Pour chanter ?... Elle est tout à fait gentille... Si vous avez un peu de voix, gentille comme vous l'êtes, et qu'on puisse vous apprendre à jongler, avec des poignards par exemple, je crois qu'on pourrait faire avec vous, en trouvant le costume, un numéro pas ordinaire... Nous parlerons de ça plus tard très sérieusement... Je suis en tout cas ravie de faire votre connaissance... Je compte bien que, Fister et vous, vous allez dîner avec nous...

JEANNINE. — Ma foi, madame, je veux bien.

RITA, présentant. — Mlle Maud de Meulan, de l'Olympia... Mlle Thaïs Couturier, également de l'Olympia...

THAÏS, entre ses dents. — Engagée pour trois ans.

elle ne le dit jamais...

RITA. — M. Rouillon... (A Rimbert qui feuillette des journaux dans le fond, le dos tourné.) Rimbert !

JEANNINE, à elle-même. — Rimbert !

RITA. — M. Rimbert... Mademoiselle... votre nom ?

JEANNINE, hésitant. — Mademoiselle...

RITA. — Vous n'avez pas encore de nom ?... Je vous en trouverai un...

JEANNINE, avec empressement. — Oui, c'est ça, mademoiselle. Je vous remercie.

RITA. — En attendant, Mme la petite amie de Fister...

Rimbert s'incline et s'éloigne. Jeannine ne le quitte pas des yeux.

MAUD, à Jeannine. — C'est un chapeau qui vient de Dieppe, n'est-ce pas ?

JEANNINE. — Oui, comment le savez-vous ?

THAÏS, après une hésitation. — Il est en montre depuis trois mois chez la modiste de la Grand'Rue.

JEANNINE. — Vous le trouvez bien ?

TOUTES. — Oui, oui !

JEANNINE. — Vous ne le trouvez pas bien ?

THAÏS. — Pas comme il faut.

RITA. — Je ne vous conseille pas de porter des chapeaux comme ça. Ce n'est pas votre genre. J'aimerais bien mieux vous voir porter des petits chapeaux gentils très simples. Vous direz à Fister qu'il en achète ici, il y en a de très bien... Mais comment l'avez-vous connu, Fister ?

JEANNINE. — C'est un ami de ma famille.

RITA. — Ah ! voyez-vous ça !... Et c'est lui qui vous a fait quitter votre famille.

JEANNINE. — Oui, c'est lui.

MAUD. — Il est extraordinaire, ce Fister. On ne s'en douterait pas. Il n'a l'air de rien. On le dirait toujours occupé à mille affaires. Je croyais qu'il ne pensait plus... Est-ce que vous l'aimez bien ?

JEANNINE. — Qui ça ?

MAUD. — Fister.

JEANNINE, sans ardeur. — Oui... Je ne le déteste pas...

MAUD. — Elle a du sentiment !

RITA. — Vous savez qu'il n'a aucune fortune.

JEANNINE. — Oh ! oui, je le sais.

RITA. — Qui est-ce qui a pu vous décider à partir

avec lui ? Vous pensez qu'il a de l'influence dans les théâtres ?

JEANNINE. — Oui, c'est ça !

MAUD, riant. — Oh ! il n'a pas l'air content que nous ayons fait connaissance avec sa petite amie.

FISTER, sévèrement. — Jeannine, je vous en prie, restez dans votre chambre.

RITA. — Oh ! mais c'est que Fister n'est pas mal dans son rôle de jaloux. (Elles rient toutes.) C'est qu'il est jaloux comme un tigre !

JEANNINE, s'approchant de Fister. — Qu'est-ce qu'il y a ?

FISTER, à demi-voix. — Il y a que nous allons quitter l'hôtel tout de suite.

JEANNINE, de même. — Il y a que je ne quitterai pas l'hôtel avant de savoir ce que je veux savoir. Je n'ai pas encore parlé au monsieur en question. Je veux m'arranger pour être à côté de lui à dîner.

FISTER. — Comment, à dîner ?

JEANNINE. — Oui, nous dînons chez madame.

FISTER. — Ah ! non ! c'est trop fort... Je ne veux pas de ça...

JEANNINE. — Excusez-moi d'avoir accepté pour nous ; mais, si ça vous ennuie...

FISTER. — Je vous crois que ça m'ennuie !...

JEANNINE. — Alors, je dînerai sans vous chez cette dame.

FISTER. — Jeannine !

JEANNINE. — Oh ! assez ! Elles sont drôles, vous savez ! Elles m'ont demandé si je vous aimais et si je croyais que vous étiez riche ! Elles sont toutes étonnées parce que je leur ai dit que vous n'aviez pas le sou...

FISTER. — Qu'est-ce que vous allez leur raconter là ?

JEANNINE. — Vous savez que ce n'était pas la peine de m'acheter ce chapeau. Elles l'ont trouvé de très mauvais goût.

FISTER. — On pourrait peut-être le rendre. C'est un chapeau de trois cents francs...

JEANNINE. — Non, non, je le garde... il m'amuse beaucoup. Ce qu'il me faudrait, par exemple, c'est des bijoux. On trouve des bijoux à Dieppe ?

FISTER. — Non, non, on n'en trouve pas.

JEANNINE. — Mais si, j'en ai vu de très beaux en passant.

FISTER. — Oui, mais ils sont très chers. Ce n'est pas pour vous refuser, mais je suis parti avec une somme assez faible.

RITA, s'approchant. — C'est bientôt fini cette petite scène de jalousie ?

JEANNINE. — C'est fini.

Elle quitte Fister et s'en va avec Rita.

FISTER. — J'aime mieux ne pas penser à ce qui arrivera.

RIMBERT, s'approchant. — Eh bien, mais je ne vous connaissais pas tous ces succès... Vous en avez une chance !...

FISTER. — Parlons-en !

RIMBERT. — Qu'est-ce que c'est que cette petite femme-là ?... Elle est très gentille...

FISTER. — C'est une jeune fille qui veut faire du théâtre. C'est une jeune fille très convenable...

RIMBERT. — Allez ! Allez !

FISTER. — C'est comme je vous le dis.

JEANNINE, s'approchant. — Qu'est-ce qu'il vous raconte, Fister ?

RIMBERT. — Il dit des choses très bien de vous. Il dit que vous êtes une jeune fille très convenable.

JEANNINE. — Mais ce n'est pas vrai.

FISTER, à Jeannine, à demi-voix. — Vous ne vous rendez pas compte de ce que vous dites.

JEANNINE. — Si, je m'en rends compte. Je ne suis pas venue ici pour passer pour une personne très convenable. Ce n'est pas du tout dans nos plans... Allez-vous-en. Fister, vous allez faire des gaffes !

Fister remonte ; elle s'approche de Rimbert.

RIMBERT. — Ça vous amuse tant que ça ?

JEANNINE. — Quoi ?

RIMBERT. — De ne plus être une jeune fille convenable ?... C'est vraiment un bel exploit que vous avez fait là !

JEANNINE. — Pourquoi ?

RIMBERT, brusquement. — Vous êtes une jeune fille de bonne famille, n'est-ce pas ?

JEANNINE. — A quoi voyez-vous ça ?

RIMBERT. — Je vois ça...

JEANNINE. — Ça ne s'en va donc pas ?

RIMBERT. — Non, ça s'en va difficilement. On a beaucoup de peine à oublier les bonnes manières.

JEANNINE. — Mais pourquoi est-ce que je m'affligerais d'avoir quitté ma famille ? Est-ce que vous croyez que je serais plus heureuse dans ma famille qu'ici ? Qu'est-ce qui me serait arrivé si j'étais restée dans ma famille ?

RIMBERT. — Vous vous seriez mariée.

JEANNINE. — Oui. Ou bien j'aurais été fiancée à un jeune homme qui m'aurait plu, et, quand j'aurais commencé à l'aimer, il serait parti en me laissant avec mes rêves de bonheur.

RIMBERT. — D'abord, ce sont des choses qui n'arrivent pas tous les jours. Les gens qui se conduisent ainsi sont tout de même un peu mufles.

JEANNINE, *un peu suffoquée, le regardant bien en face.* — Vous trouvez ?

RIMBERT. — Oh ! oui.

JEANNINE. — C'est un peu mon avis.

RIMBERT. — Puis vraiment, je ne sais pas s'iil s'en trouve tant que ça.

JEANNINE. — Mais, moi, je sais qu'il s'en trouve.

RIMBERT. — Vous avez une bien mauvaise opinion des hommes, vous êtes tout de même un petit peu gosse pour ça. Moi, je ne crois pas que les hommes soient si mufles que ça, vous savez... D'ailleurs, ils sont parfaitement capables de s'attacher aux femmes. *(Il la regarde.)* Vous auriez fait la conquête d'un jeune homme, pourquoi voulez-vous qu'il vous quitte ? Vous êtes gentille...

JEANNINE. — Vous me faites la cour ?

RIMBERT. — Oh ! mais non, je ne vous fais pas la cour... Qu'est-ce que ça signifie ?... En voilà des idées !... Quelle petite coquette vous faites !... Et vous croyez que je suis dans un état d'esprit à faire la cour aux femmes ?

JEANNINE. — Vous êtes triste en ce moment ?

RIMBERT. — Je ne suis pas gai.

JEANNINE. — Qu'est-ce que vous avez ? Vous avez peut-être quelque remords ?

RIMBERT. — Non, pourquoi voulez-vous que j'aie des remords ? J'ai peut-être des regrets, voilà tout.

JEANNINE. — Des regrets ? *(Avec espoir.)* Mais il s'agit de quelque chose de réparable alors ?

RIMBERT. — Non, non... C'est fini... C'est irréparable... C'est quelque chose qui ne dépend pas de moi...

JEANNINE, *comme à elle-même.* — Je ne comprends pas.

RIMBERT. — Vous ne pouvez pas comprendre.... Voilà : j'ai failli avoir dans ma vie un événement qui aurait pu me rendre heureux, et cet événement n'a pas eu lieu.

JEANNINE. — Sans que ça dépende de votre volonté ?

RIMBERT. — Non point, sans que ça dépende de ma volonté....

Scène X

LES MÊMES, ROUILLON

ROUILLON, descendant. — Pardon de vous déranger, Rimbert. Nous sommes en train de faire un pari. (Il l'attire vers la fenêtre.) Cette auto qui est là-bas, ce n'est pas celle de Fergarier ?

RIMBERT, à Jeannine. — Attendez, je reviens.

JEANNINE, s'approche de Fister. — C'est curieux, il n'a pas l'air d'un mauvais garçon. Il est probable qu'il a eu dans sa vie un empêchement très grave et qu'il n'a pu faire autrement... Mais il me semble qu'il a des regrets... Alors j'ai un espoir... J'ai l'espoir de le ramener... Seulement, il faut que je fasse bien attention, que je ne lui parle pas de ça ; parce que, même en ce moment, il ne me paraît pas d'humeur à me faire ses confidences. Mais, si nous devenons bons amis, il y viendra peut-être lui-même...

FISTER. — Moi, je voudrais bien que ça s'arrange le plus vite possible, parce que, si votre famille savait ce que je vous ai laissé faire, oh ! là ! là ! ce qu'ils me tomberaient sur le dos !...

Scène XI

LES MÊMES, RITA

RITA, à Rimbert, qui descend en scène. — Eh bien, Georges, elle a l'air de te plaire, la petite amie de Fister ?

RIMBERT. — Oh ! pas du tout ! C'est une petite coquette. Elle a l'air ravie de ce qu'elle a fait: de filer de chez elle avec Fister... Il y a vraiment de quoi se vanter et se flatter ! Vraiment, elle ne sait pas où elle vient.

RITA. — Bien, tu n'es pas gentil pour nous !

RIMBERT. — Mais tu sais bien que, toi et les autres, ce n'est pas la même chose... Tu t'en fiches du milieu où tu vis ; tu as d'autres préoccupations en tête ; tandis qu'une petite fille comme ça, qui était si bien chez elle, c'est un peu exaspérant de la voir venir ici... avec un vieux imbécile comme ce Fister !

RITA. — En tout cas, si tu ne tiens pas à elle, elle a l'air de tenir à toi.

RIMBERT. — Bien, elle perd son temps !

RITA. — Oh ! c'est bien rare qu'une femme perd son temps...

RIMBERT. — Non, vraiment, ça ne la recommande pas ce qu'elle a fait, c'est une petite tête d'oiseau.

RITA. — Alors, tu es parfaitement tranquille ?

RIMBERT. — Tu es bête !

RITA. — Alors, si tu es parfaitement tranquille, laisse-toi faire la cour...

Comme Jeannine s'approche de Rimbert, Rouillon descend. A Rimbert.

Scène XII

LES MÊMES, ROUILLON

ROUILLON, à Rimbert. — N'est-ce pas, Rimbert, que de Meuss a une quarante chevaux ?

RIMBERT. — Oui, oui. Une quarante chevaux.

ROUILLON, triomphalement. — Je disais bien !

Il remonte vers le fond.

RIMBERT, à Jeannine. — Eh bien, vous allez bien vous amuser ! Ils sont intéressants ces messieurs-là, n'est-ce pas ? Voilà à quoi se passe leur vie : savoir si un tel a une vingt-quatre chevaux ou une quarante chevaux. Et ils se font une gloire d'être bien informés. Vous allez vous amuser, ma petite amie !

JEANNINE. — Mais vous, vous avez vécu longtemps au milieu de ces gens-là.

RIMBERT. — Oh ! ne m'en parlez pas ! Quand je vivais au milieu d'eux je n'avais pas conscience de ce qu'ils étaient. Maintenant, il me semble que je rentre dans une chambreo ù l'on a fumé, après en être sorti... Oh ! c'est insupportable !

JEANNINE, montrant Maud et Thïas. — Ces petites dames vous plaisent sans doute beaucoup mieux ?

RIMBERT. — Ah ! Vous avez causé avec elles ?

JEANNINE. — Quelques instants.

RIMBERT. — Eh bien, parlez-leur encore quelques minutes et vous viendrez me dire ce que vous en pensez, si vous en pensez quelque chose !

JEANNINE. — Comment, si j'en pense quelque chose ? Vous avez l'air de me considérer comme une petite imbécile...

RIMBERT, la regardant. — Ah ! j'espère bien que non.

JEANNINE. — Pourquoi ça ?

RIMBERT. — Je souhaite ardemment que vous ne soyez pas une petite imbécile, parce qu'au moins j'aurais un petit peu de distraction.

JEANNINE. — Si vous voulez, à table, je demanderai qu'on nous place à côté l'un de l'autre.

RIMBERT. — Petite effrontée !

JEANNINE. — Parce que je vous fais des avances ? Ça m'amuse de vous faire comme ça des déclarations. Vous voyez, c'est l'avantage que j'ai à ne pas rester dans ma famille. Si j'étais dans ma famille, je ne pourrais pas dire ce que je vous dis... Je m'amuse beaucoup. Il me semble que je suis au bal masqué.

RIMBBRT. — Moi, je ne m'amuse pas encore.

JEANNINE. — Vous n'êtes pas poli !

RIMBERT. — Eh bien, oui, vous avez dit le mot. Ici, je ne suis pas poli. Ici, on n'est pas poli, on ne cherche pas à plaire aux femmes avec délicatesse, on leur parle brutalement, et sans détours. Eh bien, ce n'est pas amusant de dire tout de suite ce qu'on a sur le cœur. Ce qui est amusant, c'est de ne pas pouvoir le dire franchement, d'être obligé de le faire deviner. Et puis, à ce manège-là, les sentiments que l'on a pour une femme se développent. Une passion qui cherche à s'exprimer se fortifie... Ici, on ne cherche rien, on dit ce qui vous passe par la tête. On n'a pas de réserve, pas de retenue... On est au bal masqué, comme vous le dites. Vous, ça vous amuse. Moi, j'aimerais mieux être dans un vieux salon tranquille, parmi des bibelots fragiles et des préjugés, ne fût-ce que pour casser un peu les bibelots et pour heurter les préjugés ! (La regardant.) Tenez, par exemple, je vous aurais rencontrée dans ce salon-là, j'aurais peut-être eu beaucoup de plaisir à causer avec vous.

JEANNINE. — Ici, ce n'est pas la même chose ?

RIMBERT. — Oh ! non, ici, ce n'est pas la même chose. Je vous aurais vue entrer dans un salon, le cœur m'aurait peut-être battu. C'ètait une demoiselle très pure, tandis qu'à vous voir ici je pense tout de suite que, si vous y êtes, il y a des raisons pour ça. Je vous vois très bien entrer en vous glissant de côté, et me dire avec un sourire embarrassé que vos parents seraient à moi dans un instant, que vous venez me tenir compagnie. Je vous demande ce que vous faites dans la vie, vous me racontez que vous jouez au tennis, que vous prenez des leçons d'anglais. Je m'en fiche complètement. Je vous parle pour vous voir parler, pas pour vous entendre... Vous êtes gentille à voir. (Se reprenant.) Ah ! zut !...

JEANNINE. — Qu'est-ce qu'il y a ?

RIMBERT. — Au lieu de ça je vous vois ici, au milieu de ces femmes, avec ce vieux daim. (Boudeur.) Comment avez-vous pu faire une chose pareille, petite tourte ?... C'est dommage... Et puis vraiment, c'est une mauvaise note pour vous.

JEANNINE. — Une mauvaise note ?

RIMBERT. — Ça indique vraiment peu de réflexion, pour ne pas dire autre chose... C'est curieux. Vous voyez comme, malgré tout, vous êtes encore restée la jeune fille que vous étiez. Je n'ose pas vous dire les choses aussi crûment... Il faut que je me force pour vous parler avec brutalité. Ah ! petite, petite méchante... Pourquoi avez-vou fait ça ?

JEANNINE. — Un moment de folie !

RIMBERT. — J'aimerais mieux ça. Je voudrais apprendre que vous avez été folle, mais vraiment folle, démente, un instant. Parce que vraiment, quand je vous regarde comme ça, pour tâcher de voir ce que vous êtes, en oubliant ce que vous avez fait, eh bien, vous me faites l'effet d'une brave petite bonne femme... (La regardant.) Pas idiote du tout même.

JEANNINE. — Je crois. Et dites-moi que vous n'êtes pas méchant. Même ça me fera un grand plaisir de vous croire.

RIMBERT. — Non, je ne crois pas que je sois un méchant homme.

JEANNINE. — Je suis très contente de vous croire. Je ne suis pas tout à fait contente parce que j'ai toujours ma première impression qui est tout autre, et que je ne peux pas oublier tout à fait... Enfin, je vais tâcher d'oublier.

RIMBERT. — Et moi, je vais tâcher d'oublier autre chose. Il faut se distraire, n'est-ce pas ? Il faut se laisser aller...

JEANNINE. — Laissons-nous aller un peu. Figurons-nous que nous sommes très amis.

RIMBERT. — Ce serait bien tout de même !

JEANNINE. — Eh bien, figurons-nous que ça y est. Moi, j'ai toujours rêvé ça, d'avoir un ami avec qui je pense tout haut.

RIMBERT. — Et moi donc !

JEANNINE. — Bien quoi ? Est-ce que vous n'avez pas une femme, vous ?

RIMBERT. — Comment ça ?

JEANNINE. — Eh bien, Mlle Santarcieri !

RIMBERT, riant. — Non. Mlle Santarcieri est une charmante personne, pleine de sens et très délicate ; mais j'étais pour elle un confident ; sa grande passion, c'était la danse portugaise. Elle n'oubliait jamais sa danse avec moi, et, quand elle dansait, elle m'oubliait bien, et, quand elle pensait qu'elle avait mal dansé, je n'arrivais pas à la rendre heureuse... Non, moi, j'ai une ambition, peut-être impossible : c'est d'être tout pour une femme : son ami, son confident et sa danse portugaise !... Tout de même, si j'avais rencontré une femme comme ça, ça aurait pu être vous, — je ne crois pas qu'il n'existe qu'une seule femme au monde qui soit l'âme sœur, et je crois qu'il en existe un certain nombre qui réalisent les conditions... (Il la regarde.) A première vue, et même à seconde vue, c'est une petite bonne femme dans votre genre... Elle serait pour moi une sœur, une amie, un charmant compagnon...

JEANNINE. — J'aurais été même une mère ; car vous ne savez pas de quelle sollicitude je suis capable... (Riant.) Je suis même embêtante quelquefois !

RIMBERT. — On aurait pu faire ensemble de gentils petits voyages. Vous aimez voyager ?

JEANNINE. — Oh ! si j'aime voyager ! Et comme ça aurait été commode en voyage ! J'aurais été pour vous une amie, une femme, une sœur, une mère, et je n'aurais payé qu'une place sur le bateau !...

Elle rit.

RIMBERT. — Vous avez un rire très gentil. C'est un rire qui me va ; c'est bien le rire de ma joie... Dites donc, on va tâcher d'être à côté l'un de l'autre ce soir, à table : c'est une très bonne idée que vous avez eue là. On se moquera ensemble de tous ces gens-là.

JEANNINE. — Vous aimez vous moquer des gens ?

RIMBERT. — Quelquefois.

JEANNINE. — Moi aussi... Je crois que nous avons beaucoup de choses communes. Moi, par exemple, je suis d'habitude assez calme et assez paisible.

RIMBERT. — Moi aussi.

JEANNINE. — Je me mets quelquefois en colère.

RIMBERT. — Moi aussi. Il y a des choses qui soulèvent mon indignation. Ainsi, quand je crois que je suis juste...

JEANNINE. — Moi aussi.

RIMBERT. — C'est une espèce de manie chez moi... (Apercevant Fister au loin.) Ainsi, en ce moment, j'ai un accès de colère, de justice... Je voudrais étrangler Fister ! (Il la regarde.) Oh ! quand je vous regarde, il y a des choses qui sont arrivées que je ne peux pas m'imaginer, et pourtant cela est. Et pourtant, au fond, il est heureux que ça soit.

JEANNINE. — Comment ça ?

RIMBERT. — Si ça n'était pas arrivé, vous ne seriez pas ici, et je ne vous aurais pas rencontrée.

JEANNINE. — Oh ! il était peut-être écrit que nous nous rencontrerions. Je suis fataliste.

RIMBERT. — Tiens ! Moi aussi !

Jeannine apercevant Fister.

JEANNINE. — Voilà Fister.

Scène XIII

LES MÊMES, FISTER, CHEVALET

FISTER, descendant en scène, à Chevalet. — Aussitôt les premiers essais, le génie militaire nous en prend dix-huit. C'est entendu avec le ministère.

RIMBERT, à Jeannine. — Il parle d'une affaire qui l'occupe beaucoup.

JEANNINE. — Oui, oui. Je la connais son affaire. Je suis son actionnaire.

RIMBERT. — Moi aussi !

JEANNINE. — Naturellement !

FISTER, à Chevalet. — Je vous enverrai tous les documents, c'est extrêmement intéressant... (A Jeannine.) Ecoutez, maintenant, ce qui serait sage, ce serait de rentrer... Quand je pense que vous êtes ici, et qu'on pourrait le savoir...

JEANNINE. — Vous croyez que je vais rentrer, Fister ? Je n'y ai jamais songé. D'ailleurs, je m'amuse beaucoup ici.

FISTER. — Oui. Mais c'est peut-être pour cela qu'il faudrait rentrer.

JEANNINE. — Non, non, Fister. Je ne rentrerai pas. Je suis ici et j'y reste.

FISTER. — Oh ! je ne suis pas tranquille !

JEANNINE. — Allez donc parler à ce monsieur de tout à l'heure. Je suis sûre qu'il va vous prendre des actions.

FISTER. — J'ai cru ça aussi. Mais j'ai vu, à la façon dont il s'enthousiasmait sur mon affaire, qu'il n'avait pas le sou. Les gens qui ont des capitaux sont plus réservés.

RITA, descendant en scène, à Rimbert. — Eh bien, Georges ? Tu as l'air mieux que tout à l'heure... Tu es moins triste.

RIMBERT. — Oh ! je ne sais pas. Je commence à me faire une raison...

RITA. — Georges ! Tu n'as pas confiance en moi. Je ne crois pas que tu commences à te faire une raison ; tu commences peut-être à te faire une passion... C'est peut-être, au fond, la seule façon de se faire une raison !

RIMBERT. — Oh ! Rita ! Rita ! La vie est une chose merveilleuse : la vie est une magie !... Elle a des coups de fortune soudains qui vous transforment... Il y a un quart d'heure, j'étais un être écœuré... Je n'avais pas eu de grands malheurs mais tout me semblait vide, je ne me rattachais à rien... Maintenant, c'est comme une fête qui commence ; j'ai de l'espoir, j'ai de l'impatience, j'ai presque du bonheur!... Il y a des gens qui prétendent qu'il n'y a pas de fées sur la terre !

RITA, le regardant en souriant. — Allons ! Allons ! voilà qui va bien !

Rita sort sur la terrasse, suivie de Rimbert. Jeannine, les voyant s'éloigner, va jusqu'à côté de la terrasse.

Scène XIV

FISTER, JEANNINE

FISTER. — Où allez-vous ?

JEANNINE. — Je vais sur la terrasse. Ici, il commence à faire sombre.

FISTER. — Mais vous n'allez pas aller sur la terrasse. La villa est trop en vue... Tout Dieppe vous y apercevra.

JEANNINE. — Ça m'est égal. (A ce moment elle voit Rimbert rentrer.) Vous avez raison. Il vaut mieux que je n'y aille pas. Allez prendre l'air, ça vous calmera.

FISTER, après avoir regardé Rimbert et Jeannine. — Je ne suis pas tranquille.

Il sort.

Scène XV

JEANNINE, RIMBERT

RIMBERT. — Vous savez que cette idée me poursuit ?

JEANNINE. — Quelle idée ?

RIMBERT. — De flanquer une paire de gifles à Fister. C'est un vieillard, mais j'aurais le courage de toutes les lâchetés. C'est pour moi un mal hypsique de le voir avec vous. J'en suis impatienté, énervé... Et puis j'ai d'autres causes d'énervement... Nous avons plaisanté ensemble tout à l'heure... Eh bien, moi, j'avais l'air de plaisanter, mais je ne plaisantais pas. Mais je suis comme ça. Quand j'éprouve un sentiment sincère très violent, je ne peux pas l'avouer... Je voudrais vous dire des choses... que je ne peux pas vous dire... Je tiens beaucoup à vous... ce n'est pas ça que je veux vous dire. (Il lui prend la main.) Le savez-vous ?

JEANNINE, un peu languissante. — Quoi ?

RIMBERT. — Vous savez ce que je veux vous dire ? Dites-moi que vous le savez... Autrement, je n'oserai pas vous le dire.

JEANNINE, après l'avoir regardé. — Oui, je le devine... (Violemment, avec effroi.) Mais je vous en supplie ! Ne le dites pas !... Ne le dites jamais...

RIMBERT. — Pourquoi ? Pourquoi ?... Avez-vous

quelque chose dans la vie qui vous empêche d'être libre ?... Qui aimez-vous ?...

JEANNINE, après avoir hésité. — Personne... Personne... (D'une voix plus ferme.) Et je sais maintenant que je n'aimerai jamais personne.

RIMBERT, douloureusement. — Mais pourquoi ?

JEANNINE. — Parce que... Parce que...

Un temps.

RIMBERT. — Je vous en supplie !... Je suis très malheureux... Ne me faites pas encore souffrir avec tout ce mystère.

JEANNINE. — C'est moi qui vous supplie de ne pas m'interroger ! Moi aussi, je suis très malheureuse... Pardonnez-moi de vous avoir écouté... de vous avoir laissé parler... Mais je ne savais pas que cela viendrait là... Et quand j'ai vu cela, j'en ai été épouvantée...

RIMBERT. — Non, je ne veux pas vous laisser partir sans que j'aie une explication... C'est toute ma vie que je joue là. Je veux bien que toute ma vie se brise, mais je veux savoir pourquoi... Je veux savoir pourquoi...

JEANNINE. — Eh bien, tout à l'heure... laissez-moi un instant. Je ne suis pas bien en ce moment... Je vous dirai mal ce que je veux vous dire... Tout à l'heure, voulez-vous ?... Venez par là... Je vous appellerai...

Elle le conduit lentement vers la porte. Rimbert sort. Passe une bonne.

Scène XVI

JEANNINE, UNE BONNE

JEANNINE. — Mademoiselle, le mécanicien de ce monsieur avec qui je suis venue est-il dans la cour ?

LA BONNE. — Oui, mademoiselle, il est près de sa voiture.

JEANNINE. — Bien. Je vais descendre.

LA BONNE. — Faut-il prévenir ce monsieur ?

JEANNINE. — Non. Ne dérangez personne.

Elle fait sortir la bonne devant elle, s'arrête un instant, regarde la porte par où est sorti Rimbert, puis prend brusquement le parti de sortir.

Scène XVII

FISTER rentrant avec RITA par la porte de la terrasse, ROUILLON, MAUD.

FISTER, à Rita. — Cette semaine nous commençons la fabrication... Nous n'attendons pas plus longtemps.

RITA. — Oui. Albert m'a encore dit : «Il n'avance pas vite avec son ballon.»

FISTER. — Eh bien, dans huit jours, je l'amène à l'usine.

RITA. — Où est-elle votre usine ?

FISTER. — Je ne sais pas encore. Nous avons plusieurs locaux en vue, dans les environs de Paris...

ROUILLON. — Tiens ! Votre automobile qui s'en va !...

FISTER. — Mon auto qui s'en va ?... Voyons !...

ROUILLON. — Oui. Votre petite amie est montée dedans toute seule.

FISTER.— Qu'est-ce que ça veut dire?...Arrêtez !... Arrêtez !...

ROUILLON. — Ils sont déjà loin !

RIMBERT, rentrant sur ces derniers mots, à Rita. — Rita ! Elle est partie ! Elle est partie ! Je cours chercher ma voiture au garage. Il faut que je la retrouve...

Il part très agité. Rentre Fister.

Scène XVIII

MAUD, FISTER, THAIS

FISTER. — Elle est partie ! Elle est partie !
MAUD et THAÏS, ensemble. — Oh ! le pauvre Fister !
FISTER. — Mais qu'est-ce que va dire sa famille ?
RITA. — Il est plutôt temps de vous en occuper !...
MAUD. — Elle vous a laissé son chapeau !

Elle prend le chapeau et le met sur la tête de Fister.

RIDEAU

ACTE III

La scène représente une pension de famille, dans une ville normande située à quelques kilomètres de la maison du premier acte.

Scène I

CLÉMENTINE, belle-sœur de Lehugon et tante de Jeannine,
ADRIEN

CLÉMENTINE. — Adrien !

ADRIEN. — Mademoiselle !

CLÉMENTINE. — Ma femme de chambre n'est pas encore revenue ?

ADRIEN. — Non, mademoiselle.

CLÉMENTINE. — Oh !

ADRIEN. — A quelle heure c'est-il qu'elle devait revenir ?

CLÉMENTINE. — Je l'ai envoyée à deux heures porter un télégramme pour M. Lehugon. Je lui ai dit d'aller vivement faire ses courses et d'aller se promener puisque c'est dimanche. Elle m'avait bien promis pourtant de rentrer à six heures.

ADRIEN. — Bien, quelle heure est-il, mademoiselle ?

CLÉMENTINE. — Il est six heures moins le quart.

ADRIEN. — Elle n'est donc pas en retard.

CLÉMENTINE. — Elle va être en retard... C'est insupportable ! Moi, l'idée que les gens vont être en retard m'est insupportable.

ADRIEN. — En tout cas, mademoiselle n'a pas à se presser, puisqu'aujourd'hui la table d'hôte n'est qu'à sept heures et demie, à l'hôtel.

CLÉMENTINE. — Oui. Oh ! je sais, on change facilement les heures dans votre hôtel ! Mauvaise organisation !

ADRIEN. — Madame, parce que c'était courses à Trouville. aujourd'hui, et qu'il y a ces messieurs et dames qui y sont allés en auto.

CLÉMENTINE. — Alors, à cause de ces messieurs et dames qui sont allés dans leur voiture automobile aux courses de Trouville, moi qui n'allais pas aux courses et qui déteste les voitures automobiles, il va falloir que je dîne une demi-heure plus tard ? Je mangerai plus que de raison, je digérerai mal... Vous trouvez que c'est une bonne organisation ?

ADRIEN. — Mais madame peut faire servir avant si elle le désire.

CLÉMENTINE. — Oui, et manger du rosbif pas cuit et des pommes de terre crues, n'est-ce pas ? Qu'est-ce que vous voulez ? il n'y a pas de femme à la tête de cet hôtel, et ce M. Daumas est plein de bonne volonté, mais il ne sait pas conduire une maison.

ADRIEN. — Voilà votre bonne qui revient.

Scène II

CLÉMENTINE, LA BONNE

CLÉMENTINE. — Ah ! enfin !

LA BONNE. — Mais, mademoiselle, je ne suis pas en retard !

CLÉMENTINE. — Non ! Mais c'est tout juste ! Avez-vous bien porté la dépêche à la poste ?

LA BONNE. — Oui, mademoiselle.

CLÉMENTINE. — Vers quelle heure ?

LA BONNE. — Vers deux heures.

CLÉMENTINE. — Bon ! Avez-vous demandé si le bureau de télégraphe de là-bas distribuait bien le dimanche ?

LA BONNE. — Oui, mademoiselle. Il distribue bien le dimanche.

CLÉMENTINE. — Eh bien, ils auront eu la dépêche vers quatre heures. Il est six heures maintenant ; ils ne vont pas tarder à se mettre à table. Ah ! ça va être joli, ce dîner !

LA BONNE. — Pourquoi c'est-il que mademoiselle n'est pas allée ?

CLÉMENTINE. — Parce que mon beau-frèren M. Lehugon, est un monsieur très capable. Je lui ai demandé s'il voulait que j'aille un jour ou deux là-bas pour organiser cette petite fête et il a fait le malin. Il m'a dit que ça me fatiguerait. Eh bien, il se passera de moi tout à fait ! Moi, je ne m'entête pas quand on veut faire le malin avec moi.

LA BONNE. — Mais mademoiselle aurait pu tout de même y aller.

Clémentine. — Ah ! non, par exemple ! Je me serais trop agacée en voyant que le service allait mal, que le dîner était manqué ! Sans compter que tous les invités auraient pu croire que c'était moi qui m'en étais occupée, car il était naturel que M. Lehugon me demandât de m'en occuper. Personne au monde n'aurait pu croire que ce n'était pas moi qui aurais organisé le dîner. M. Lehugod est un homme très malin !

La Bonne. — Ça doit tout de même ennuyer mademoiselle de ne pas assister au dîner de fiançailles de sa nièce ?

Clémentine. — Oui. Quoique ce ne soit pas précisément ma nièce. Elle m'appelle tante Clémentine, mais je ne suis pas sa tante, puisqu'elle est la fille du premier lit de M. Lehugon. Ma nièce à moi, c'est ma petite Jeannine; la fille de la seconde Mme Lehugon.

La Bonne. — Ah ! oui ! Je m'y reconnais, je m'y reconnais très bien ! Le papa Lehugon a épousé madame la sœur de mademoiselle en secondes noces ?

Clémentine. — Ah ! Bien ! Ça me fait grand plaisir que vous vous y reconnaissiez ! C'est charmant ! Seulement je désire, quand vous parlez de mon beau-frère, que vous l'appeliez M. Lehugon. Il n'a jamais été votre papa. Je puis traiter M. Lehugon comme il convient, moi, parce que c'est mon beau-frère ; mais, vous, vous devez le traiter avec respect parce que c'est le beau-frère de votre maîtresse.

La Bonne. — Oui, mademoiselle.

Clémentine. — Il n'y a pas de : oui, mademoiselle ! C'est comme ça ! Quand vous aurez fini de baguenauder, de rêvasser, quand vous aurez un moment, vous serez bien aimable de monter dans ma chambre et de m'aider à m'habiller.

La Bonne. — Oui, mademoiselle !

Clémentine. — Ça ne vous dérange pas trop ?

La Bonne, gentiment. — Non, mademoiselle !

Clémentine. — Vous avez bien fini de flâner ?

La Bonne. — Oui, mademoiselle.

Clémentine. — De rester là comme un bec de gaz !

La Bonne. — Mais...

Clémentine. — Alors, qu'est-ce que vous attendez ?

LA BONNE. — Oh ! bien, mademoiselle ! Voici M. Lehugon !

CLÉMENTINE. — Comment ? Voici M. Lehugon ? Qu'est-ce que vous chantez là ? Quelle dinde !

LA BONNE. — Voici M. Lehugon, et voici sa grande fille qui vient là-bas derrière lui.

CLÉMENTINE. — M. Lehugon avec sa grande fille ? Voilà qu'ils n'assistent pas au dîner de fiançailles maintenant ? Oh ! la ! la ! la ! la ! la ! Qu'est-ce que c'est encore que ça ?

LEHUGON, à la cantonade. — Va, ma pauvre Lucie, promène-toi un peu...

Descendant en scène.

LA BONNE. — Eh bien ! Par exemple !

CLÉMENTINE, à la bonne. — Ça ne vous gêne pas que je parle de mes affaires de famille quand vous êtes là ?

LA BONNE, gentiment. — Mais non, mademoiselle.

CLÉMENTINE, gentiment. — Vous ne voulez pas vous asseoir ?

LA BONNE. — Mais...

CLÉMENTINE. — Voulez-vous vous en aller !

Sort la bonne.

LEHUGON, arrivant du fond de la scène. — Oh ! Elle est effrayante depuis ce matin... Ah ! ma belle-sœur !

Scène IV

LEHUGON, CLÉMENTINE

LEHUGON, à Clémentine. — Eh bien ?

CLÉMENTINE. — Comment : eh bien ? C'est vous qui me dites : eh bien ? Je vous vois arriver à l'heure du dîner des fiançailles, et vous me dites : eh bien ?

LEHUGON. — Qu'est-ce que veut dire ce télégramme de félicitations. C'est ce télégramme qui m'a fait arriver comme ça.

CLÉMENTINE. — Comment ? Vous trouvez extraordinaire que je vous envoie un télégramme de félicitations pour les fiançailles de votre fille ?

LEHUGON. — Mais alors, vous ne savez pas ?

CLÉMENTINE. — Qu'est-ce que je ne sais pas ? Malin ! Qu'est-ce que vous savez encore et que je ne sais pas ?

LEHUGON. — Le mariage de ma fille est rompu.

Clémentine. — Comment, le mariage est rompu ?

Lehugon. — Mais comment ? Vous n'avez pas vu Jeannine ?

Clémentine. — Je n'ai pas vu Jeannine. Où est-ce que j'aurais vu Jeannine ?

Lehugon. — Bien ! Elle devait venir ici vous l'annoncer... Oh ! dites donc, Clémentine, c'est très inquiétant ! Elle est partie à midi pour vous l'annoncer... Elle est partie en auto, avec Fister. Elle aurait dû être ici à une heure moins le quart.

Clémentine. — Qu'est-ce qui est arrivé maintenant ? Il faut vraiment que vous soyez toujours le même pour laisser partir cette petite dans une voiture automobile, avec les accidents qu'il y a maintenant !

Lehugon. — Je ne pense pas qu'il soit arrivé d'accident. J'ai pris la route qu'ils auraient dû prendre ; il me semble que, s'il y avait eu un accident sur cette route aujourd'hui, j'en aurais vu quelque trace.

Clémentine. — Oh ! si la voiture est tombée dans un ravin !

Lehugon. — Il n'y a pas de ravin dans le pays.

Clémentine. — Une petite que j'ai eue pendant un mois avec moi, il ne lui est jamais arrivé d'accident ! Vous devriez toujours me la laisser... Est-ce qu'un homme seul comme vous sait élever et garder une enfant ? Ah ! mon Dieu ! mon Dieu ! Vous avez pris là une responsabilité !

Lehugon. — Mais ne m'affolez pas, Clémentine ! J'espère encore qu'il n'est rien arrivé.

Clémentine. — Pourquoi est-ce qu'il ne serait rien arrivé ? Qu'est-ce que vous en savez ?

Lehugon. — Tenez ! Une trompe d'auto : ce doit être elle qui revient.

Clémentine. — Ça doit être elle ! Il n'y a qu'une auto sur la terre ?

Lehugon, *allant au fond.* — C'est elle ! C'est elle !

Clémentine. — Evidemment que c'est elle ! Qui voulez vous que ce soit ?

Lehugon. — Mais enfin, qu'est-ce que ça veut dire ? Oh ! mon Dieu ! mon Dieu !

Clémentine. — Voilà qu'il s'affole maintenant ! Il était tranquille tant que la petite n'était pas là ; et le voilà qui se met à s'affoler quand elle rentre !

Mais tâchez donc d'avoir un peu de calme.

Entre Jeannine.

Scène V

CLÉMENTINE, LEHUGON, JEANNINE

JEANNINE, entrant, très troublée. — Bonjour, ma tante. Je venais te dire... Ah ! tiens, ce qui est arrivé ! Le mariage de ma sœur est rompu.

LEHUGON. — Et c'est maintenant que tu arrives ?

JEANNINE, de plus en plus troublée. — Oui, papa ! Oui, papa !

LEHUGON. — Mais tu étais partie à midi de là-bas...

JEANNINE. — Oui, papa ! Oui, papa !... Oh ! non, papa ! Il était bien midi et demi...

LEHUGON. — Oh ! voyons : il était midi un quart ou midi et demi... cela n'explique pas comment tu n'arrives qu'ici à sept heures du soir.

JEANNINE, de plus en plus troublée. — Eh bien, voilà, papa : en quittant la maison j'ai eu une idée. Je me suis dit : je vais aller parler de cela à mon amie Emma, tu sais, Emma, qui est en ce moment au château de Grandpré... Alors, je me suis dit : pour annoncer une nouvelle fâcheuse à ma tante, eh bien, ce n'est pas pressé. J'ai dit à Fister : ayez donc l'obligeance, mon cher Fister de me conduire chez Emma, au château de Grandpré, n'est-ce pas, au château de Grandpré...

LEHUGON. — Oui, oui, au château de Grandpré... Tu l'as déjà dit.

JEANNINE. — Alors, une fois que j'ai été là, plus moyen de m'en aller... Elle m'a retenue... il a fallu que je me débatte pour qu'elle ne me garde pas à dîner ; tu penses si j'étais énervée qu'elle me retienne. Je suis encore toute énervée depuis. Et puis, avec ça, je ne me trouvais pas très bien... Voilà à quoi j'ai passé ce vilain après-midi... En tout cas, n'est-ce pas, ma tante, je te demande bien pardon de t'avoir fait attendre... Mais, tu vois, je suis pleine de poussière, je vais te demander la permission d'aller dans le cabinet de toilette...

LEHUGON. — Alors, explique-moi...

JEANNINE. — Mais il n'y a rien à expliquer, papa... Je t'ai tout dit... Puis, je suis impatientée d'être pleine de poussière comme cela. Je vais monter dans le cabinet de toilette...

Elle rentre dans la maison.

Scène VI

LEHUGON, CLÉMENTINE

LEHUGON. — Tout ça me paraît bien louche ! Bien louche !

CLÉMENTINE. — Qu'est-ce qui vous paraît louche ?

LEHUGON. — Bien, cette histoire d'Emma, du château de Grandpré.

CLÉMENTINE. — Comme vous autres hommes savez mal distinguer la vérité du mensonge ! Il est évident que cette petite dit vrai, voyons, qu'est-ce que vous allez chercher là ! Il n'y a qu'une femme d'ailleurs qui puisse savoir ce qui se passe dans l'âme d'une femme ! C'est une petite fille qui a été très remuée par la rupture du mariage de sa sœur ; elle aime beaucoup sa sœur, elle me l'a dit. Alors, ça la met dans tous ses états... Alors, vous, avec votre manie des soupçons, vous allez chercher je ne sais pas quoi...

LEHUGON. — Vous me rassurez, Clémentine...

CLÉMENTINE. — Vous voulez bien en convenir ? Vous êtes bien aimable. Occupez-vous donc de ce qu'il y a d'intéressant maintenant, de l'événement de ce matin... Comment ça s'est-il fait cette rupture ?

LEHUGON. — Voilà la lettre qu'il m'a écrite.

CLÉMENTINE, la parcourt. — Oui, et vous n'avez pas cherché l'explication ?

LEHUGON. — Mais il est parti en auto !

CLÉMENTINE. — Et cela vous a suffi ? Il faut éclaircir cette affaire. On ne laisse pas un mariage se rompre comme ça, en se contentant d'une simple lettre de quatre lignes... C'est toujours une sorte de scandale quand un mariage se rompt. Vous ne sentez pas ça, vous ?

LEHUGON. — Mais si !

CLÉMENTINE. — Vous ne sentez pas ça... Oui, du reste, je ne vous demande pas de sentir des choses pareilles. Je ne vous le reproche pas, vous êtes un homme !

LEHUGON. — Mais, Clémentine, le scandale s'est

déjà produit maintenant. Nous avons contremandé nos invités.

Clémentine. — Mais ça ne signifie rien ! Vous ne voyez que le dîner des fiançailles. Du moment que vous vous êtes arrangé avec vos invités, votre conscience est à l'abri. Hors, pas du tout ! Il faut tirer ça au clair... Tenez, voilà Lucie.

Scène VII

Les mêmes, LUCIE

Lehugon. — Lucie, arrive, mon enfant !

Lucie, à Clémentine. — Bonjour, tante Clémentine !

Clémentine, embrasse Lucie. — Bonjour, ma pauvre mignonne ! (A mi-voix, à Lehugon.) Elle souffre énormément cette petite ! C'est une de ces douleurs muettes, beaucoup plus impressionnantes que des manifestations, que des cris... Vous ne sentez pas ça ?

Lehugon. — Oh ! si !

Clémentine. — Non, vous ne sentez pas ça, vous qui lui êtes uni par les liens du sang ; vous êtes un homme !

Lehugon. — Mais je vous assure, Clémentine, que je sens très bien qu'elle est triste !

Clémentine. — Ecoutez ! Elle est triste ! Elle est triste ! Mais c'est une douleur profonde. Vous n'avez aucune espèce de sensibilité... Vous voulez être bon, mais vous ne savez pas... (A Lucie.) Ma petite Lucie, arrive ici, tout n'est pas perdu. D'après la lettre que m'écrivait ton père, ton fiancé était très gentil, n'est-ce pas ?

Lucie. — Oui, tante Clémentine.

Clémentine. — Elle l'aime ! C'est un garçon bien élevé et sur lequel nous avons eu d'excellents renseignements. Il a fait un coup de tête ! Eh bien, il ne faut pas attacher à ça d'autre importance. Il faut te dire une chose, c'est qu'il te reviendra.

Lucie. — Oh ! il peut venir, maintenant ! C'est fini !

Clémentine. — Ce n'est pas fini, je te dis que je te le ramènerai, moi.

Lucie. — Ma petite tante Clémentine ! Je vous en prie, ne vous en occupez pas. Je vous assure que, maintenant, j'en ai pris mon parti.

CLÉMENTINE, à part. — Elle n'en a pas pris son parti. (A Lucie.) Je te le ramènerai, tu entends ? Voici Jeannine... Jeannine, ma chérie ! Ma chérie !

Scène VIII

LES MÊMES, JEANNINE

CLÉMENTINE, à Jeannine. — Ma petite Jeannine, je sais que tu aimes beaucoup ta sœur et que tu as été très peinée de ce qui lui est arrivé aujourd'hui ; bien, tu n'as pas besoin de te faire de chagrin ; j'ai pris l'affaire en main et je le ramènerai.

JEANNINE. — Oh ! oui, ma tante, il reviendra ! (Allant à Lucie.) Il te reviendra !

LUCIE, à part. — Elle aussi...

Elle va pour s'en aller.

CLÉMENTINE. — C'est navrant !

JEANNINE. — Lucie, écoute, j'ai à te parler. (A mi-voix, à Clémentine.) Laissez-moi avec elle.

CLÉMENTINE, de même. — Elle dit qu'elle ne voudra plus jamais plus de lui, mais je suis sûre que c'est de la fierté, de l'orgueil.

JEANNINE. — Oui, ma tante, je le crois aussi, mais je veux lui parler.

CLÉMENTINE, à Lehugon. — Venez. Laissez votre petite fille de dix-sept ans parler à sa sœur. Cela vaudra mieux que tout ce que vous sauriez lui dire.

Elle sort avec Lehugon.

Scène IX

JEANNINE, LUCIE

JEANNINE. — Ma petite Lucie, je t'aime bien, tu sais.

LUCIE. — Moi aussi, ma petite, je t'aime bien.

JEANNINE. J'ai été très peinée de ce qui t'est arrivé.

LUCIE. — Tu es très gentille, ma petite Jeannine.

JEANNINE. — Oh ! mais tu me dis ça comme si ce n'était pas naturel que je sois peinée de ce qui t'arrive ! Tu ne te doutes pas des sentiments que j'ai pour toi. J'ai pour toi un grand amour, tu sais, et me sens capable des plus grands sacrifices.

LUCIE. — Mais, ma petite Jeannine, je ne t'en demande pas.

JEANNINE. — Voilà comme tu es ! Tu ne m'en demandes pas. Mais, tu sais, cela ne m'empêche pas de t'aimer malgré toi, de me dévouer à toi, malgré toi.

LUCIE. — Tu es une petite fille exaltée, Jeannine.

JEANNINE. — Oui, je suis une petite fille, et ce que je dis ne signifie rien, n'est-ce pas ? Ecoute, pendant un instant, ne me considère pas comme une petite fille, considère-moi comme ta sœur, et dis-moi le plus profond de ton cœur : tu as eu beaucoup de peine ce matin, dis ?

LUCIE, embarrassée. — Oui, j'ai eu beaucoup de peine. Il ne faut pas me le rappeler tout le temps ! Je t'assure que je commence déjà à être consolée.

JEANNINE. — Comment peux-tu dire ça, Lucie ?

LUCIE. — Mais enfin, je sais bien à quoi m'en tenir sur mes sentiments : je te dis que je commence à me consoler.

JEANNINE. — Ce n'est pas possible, Lucie. On ne se console pas comme ça quand on a aimé quelqu'un et que les circonstances de la vie vous obligent à le quitter. On ne s'en console pas aussi facilement ; ce serait trop beau.

LUCIE, souriant. — Comme tu parles de ces choses, Jeannine. On dirait que tu les connais !

JEANNINE. — Je les devine, je me mets à ta place. Je sais, moi, que, si j'aimais quelqu'un et que je sois obligée de le quitter, j'en aurais une très grande peine.

LUCIE. — Mais d'abord, je n'ai jamais dit que je l'aimais, ce jeune homme. Il me plaisait, mais je ne l'aimais pas.

JEANNINE. — Oh ! Lucie, ne dis pas que tu ne l'aimais pas. Je sais que ce n'est pas vrai, ce n'est pas possible !

LUCIE. — Mais comment ? Tu ne le connais même pas ?

JEANNINE. — Je ne le connais pas ; mais, d'après ce que je sais de lui, n'est-ce pas, ou plutôt de ce que je crois savoir, on ne peut pas cesser de l'aimer comme ça. Quand on a eu l'âme prise, on ne peut pas la lui reprendre. Il a été plus fort que vous, il est plus fort que vous. On a subi sa domination, on n'aurait pas la force de se soustraire ; ce n'est pas possible. On est à lui, on a beau faire, et si l'on ne veut pas, il n'y a qu'un seul moyen, c'est de fuir. Il faut se sauver quand on n'est pas le plus fort.

LUCIE. — Mais c'est inouï ! de t'entendre parler ainsi ! On ne croirait jamais que tu es une enfant.

JEANNINE. — Ah ! toujours une enfant ! Je suis, en tout cas, une enfant pas heureuse, Lucie. J'ai beaucoup de peine de te sentir malheureuse. Je voudrais que tu aies plus de confiance en moi, et que tu me dises le vrai de tes sentiments. Dis-moi que tu l'aimes, Lucie ; parle-moi de lui.

LUCIE, gênée. — J'aime mieux ne plus parler de lui. Tout est fini entre nous.

JEANNINE. — Non, non, tout n'est pas fini entre nous ; je ne veux pas que tu dises ça, car moi, je suis sûre d'une chose, entends-tu ?

LUCIE, inquiète. — De quoi ?

JEANNINE. — Je suis sûre qu'il te reviendra. Je suis sûre que tu l'épouseras.

LUCIE, à part. — Oh ! mais elle est terrible ! (A Jeannine.) Encore une fois, Jeannine, je ne te demande rien.

JEANNINE. — Mais s'il revient à toi ?

LUCIE. — Il aura beau revenir, je ne l'épouserai jamais.

JEANNINE. — Oh ! Lucie, si tu le voyais en épouser une autre, quelle peine tu aurais !

LUCIE. — Mais je t'assure, Jeannine !

JEANNINE. — Tu en aurais beaucoup de peine. Une seule chose pourrait te consoler un peu : c'est de penser que, s'il va avec une autre, c'est toi qui l'as voulu.

LUCIE. — Tu es une petite fille romanesque !

JEANNINE. — Voilà ! Je suis une petite fille romanesque ! Lucie, je t'aime tant ! Je t'aime tant ! Et je veux ton bonheur.

Elle se jette dans ses bras.

LUCIE. — Oh ! elle m'aime trop ! Elle m'aime trop !

JEANNINE. — Tu l'épouseras, tu l'épouseras, Lucie !

LUCIE. — Elle est effrayante ! Je t'en prie, Jeannine ! Je renonce à lui pour la vie... Tu es bien gentille, mais tu as tort de me contrarier ainsi. Je m'étais enfermée dans ma chambre exprès, pour qu'on me laisse tranquille. Maintenant c'est, toi qui reviens à la charge. Je t'en supplie ! Ne me parle plus de lui. Tu me le promets ? (Jeannine ne répond rien.) Tu me le promets ? (Jeannine ne répond toujours rien.) Viens avec moi, par là, viens ! Tu as pleuré ! Tu as abîmé tes yeux !

JEANNINE. — Oh ! ça m'est bien égal !

LUCIE. — Oh ! je t'assure que je ne suis pas si malheureuse que tu crois... Je ne suis pas même malheureuse du tout.

JEANNINE. — Si, si, tu es malheureuse !

LUCIE, à part. — Ils finiront par me rendre malheureuse à force de me répéter que je le suis...

Elles s'en vont. Entre la bonne.

Scène X

LA BONNE, seule.

LA BONNE. — Oh ! qu'est-ce qu'ils ont donc tous ici à être sans dessus dessous, et à me faire des cachotteries ? (Elles s'en vont. Au moment où elle sort, entrent Rimbert et Gastelin.) Qu'est-ce qu'ils veulent encore, ceux-là ?

RIMBERT. — Mademoiselle, un mot, je vous prie ?

LA BONNE. — Oh ! je n'ai pas le temps ! Je ne tiens pas encore à me faire attraper.

Elle sort.

Scène XI

RIMBERT, entrant précipitamment suivi de GASTELIN

GASTELIN, à Rimbert. — Enfin, tu vas m'expliquer ce que ça veut dire... Je ne t'ai pas vu depuis au moins trois ans... Tout à l'heure, en me promenant dans les environs, je manque d'être renversé pas une auto. C'était toi qui filais comme un fou... Encore étonnant que tu te sois arrêté pour me prendre...

RIMBERT. — C'était un confident que le ciel m'envoyait providentiellement, je pouvais m'arrêter à ce moment-là, car, de l'endroit où j'étais, j'ai vu l'auto que je suivais entrer dans une maison de la ville. Et alors, tu comprends, je n'avais plus besoin de me presser.

GASTELIN. — Je ne comprends rien... Je ne comprends rien... Qu'est-ce que ça veut dire ?

RIMBERT. — Cela veut dire, mon vieux Revillard...

GASTELIN. — Pas Revillard, Gastelin...

RIMBERT. — Oui, Gastelin... Je t'ai toujours confondu avec Revillard... Cela veut dire, mon cher Gastelin, que depuis, deux heures, je donne la chasse à une voiture que je suis à la trace, sur la route. Dans cette voiture il y a une jeune femme, une jeune femme que j'aime, entends-tu ?... J'emploie ce mot parce que c'est le mot juste. Je ne la connaissais pas ce matin, et, quand j'ai quitté Dieppe, je l'aimais déjà, et mon amour a marché à la vitesse de ma voiture... J'aime une femme, Gastelin, mon confident. Pour tes débuts dans la confidence, tu en auras une qui en vaut la peine...

GASTELIN. — Je sais, je sais que tu vas te marier.

RIMBERT. — N'essaye pas de deviner. Tu ne sais rien. Je t'en prie, écoute. Tu es là pour ça. Je ne me marie plus, c'est fini. Je te raconterai ça plus tard. Ça n'a plus aucun intérêt. Il n'y a qu'une chose intéressante dans ma vie, une chose affolante, tu entends ?... J'ai fait la rencontre d'une jeune femme à Dieppe. Je ne sais pas ce qui se passera, mais, malgré vent et marée, il faut absolument que cette jeune femme soit à moi ; tu entends ? Je le veux !... Et, quand je dis : je le veux ! il n'y a rien de brutal là dedans. Ce que je veux, c'est la voir, c'est être près d'elle. Je ne veux pas, en tout cas, qu'elle disparaisse brusquement de ma vue et de ma vie. Je ne veux pas que mon bonheur m'échappe, et je te réponds, mon vieux Revillard... (*Le frappant avec violence.*) non, mon vieux Gastelin ! qu'elle ne m'échappera pas : c'est même pour ça que tu m'as vu venir ici à toute vitesse et que j'ai failli te renverser comme j'aurais renversé tous les Gastelin et tous les Revillard de la terre. Enfin, j'ai freiné en te voyant parce qu'à ce moment-là je n'avais plus besoin d'aller vite. Mais, si l'auto que je suivais avait continué à s'en aller dans l'inconnu, eh bien, je crois, mon vieil ami, que je n'aurais pas perdu mon temps à serrer mon frein, et que je t'aurais renversé, tu entends, mon camarade d'enfance ?... Il y avait une heure et demie que j'étais en pleine vitesse ; l'auto que je suivais m'avait été signalée devant moi. A certains moments, je me disais que j'allais perdre sa trace, alors mes mains tremblaient tellement sur le volant que ma voiture zigzaguait sur la route à cause de ça... Mon mécanicien était un peu pâlot. Maintenant celle que je suis ne m'échappera pas. Elle est ici ,dans cette maison ; elle doit être entrée par là. Mais, puisque me voilà ici, il s'agit de ne plus rien brusquer, de ne plus rien compromettre. J'ai des timidités que je ne me connaissais pas...

GASTELIN. — Mais ton mariage, qu'est-ce que ça signifie ? On m'a encore dit hier que tu devais te marier... Alors c'est plus récent, cette nouvelle histoire ?

RIMBERT. — Oh ! tu ne vas pas encore m'embêter avec mon mariage... Mon mariage, ça n'a aucune importance... Ça m'a troublé pendant une heure, mais ça ne signifie rien. C'est un épisode de ma vie auquel j'ai attaché un peu d'intérêt parce que je n'avais rien d'autre en tête... Mon mariage, la rupture de mon mariage, tout ça c'est des incidents finis, d'un intérêt médiocre... Dire que j'ai pu être préoccupé un seul instant de cette brouille !... Elle est peut-être là, derrière une de ces portes !

Lucie entre sur ces paroles.

Scène XII

LES MÊMES, LUCIE

LUCIE. — Pardon, monsieur !

RIMBERT. — Oh ! pardon, mademoiselle !

LUCIE. — Comment, monsieur, vous voilà ici ?

RIMBERT. — Ah ! mademoiselle, n'ayez pas peur ! Si je reviens, ce n'est pas pour vous. Ecoutez, si je reviens, c'est parce que j'ai besoin d'un confident véritable. J'ai besoin de raconter mes préoccupations à quelqu'un qui soit vraiment quelqu'un. (Présentant Gastelin.) Mon ami Gastelin. (A Gastelin.) Mlle Lehugon, mon ancienne fiancée. (A Lucie.) Quand j'ai connu mon ami Gastelin, c'était un charmant enfant. Non, je crois que le charmant enfant, c'était

Revillard...

GASTELIN, s'inclinant, à mi-voix, à Rimbert. — Mais ton ancienne fiancée ? Qu'est-ce que ça veut dire ?

RIMBERT. — Oh ! quel questionnaire que cet homme-là. Il ne comprend rien ; il est toujours à demander ce que ça veut dire.

GASTELIN. — Enfin, tu ne me donnes aucune explication et tu prétends que je suis ton confident.

RIMBERT. — Tu n'es plus mon confident. A Lucie. Mademoiselle, il faut que je vous dise : je suis à la poursuite d'une jeune femme que j'ai rencontrée à Dieppe, qui me plaît énormément et que j'aime, oui, je l'aime, je l'aime... Je n'aime pas dire des gros mots, mais je l'aime... Je suis forcé de le dire, puisque c'est la vérité.

LUCIE, souriante. — Bien, vous n'avez pas été long à changer de sentiments.

RIMBERT. — Je vous dis ça tout bonnement, je vous fais mes confidences comme vous m'avez fait les vôtres...

LUCIE, montrant Gastelin. — Mais...

RIMBERT. — Nous pouvons parler devant mon ami, c'est un bon ami. Et puis, il ne comprend rien à tout cela.

GASTELIN. — Mais aussi, il ne me fait que des bribes de confidence.

RIMBERT. — Oui, c'est bon, c'est bon !

LUCIE. — Et vous ne savez pas du tout quelle est cette personne que vous avez rencontrée ?

RIMBERT. — Excusez-moi, je suis affolé.

LUCIE. — Je vous excuse, moi-même je suis un peu affolée depuis ce matin. Vous ne me demandez pas ce qui s'est passé depuis votre rupture ?

RIMBERT, distraitement. — Si, si ! Qu'est-ce qui s'est passé après notre rupture ?

LUCIE. — Je suis montée dans ma chambre, et je me suis enfermée.

RIMBERT. — Ah ! Oui, oui !

LUCIE. — J'ai fait ce que j'ai pu pour ne voir personne. Je suis venue ici avec mon père, mais il ne m'a pas parlé le long de la route.

RIMBERT, distraitement. — Votre père est ici ?

LUCIE. — Nous sommes venus voir sa belle-sœur qui habite ici dans une pension de famille... Mais vous ne m'écoutez pas, monsieur Rimbert.

RIMBERT, de même. — Non, non ! Mais si, mais si : votre père est ici, avec sa belle-sœur qui tient une pension de famille...

LUCIE. — Non, elle ne la tient pas, elle est dedans.

RIMBERT. — Oui, c'est ce que je dis : sa belle-sœur est dans une pension de famille... A propos, est-ce que vous connaissez des personnes qui habitent dans cette pension de famille ?

LUCIE. — Non, non point. C'est la première fois que j'y viens.

RIMBERT. — Alors, au revoir, mademoiselle... Je vous demande pardon, je vais m'informer...

LUCIE. — Oui, allez. D'autant plus que j'aperçois ma petite sœur là-bas.

RIMBERT. — Votre petite sœur ? A qui je devais toujours être présenté ? Il est dit que je ne la rencontrerai jamais.

LUCIE. — Je vais au-devant d'elle, pour l'empêcher de venir de ce côté.

RIMBERT. — C'est ça ! C'est ça ! Retenez-la. Je pourrai rester par ici pour rechercher mon inconnue ! A tout à l'heure ! (A Gastelin.) Ecoute, Gastelin ! (Gastelin salue Lucie, Rimbert le retenant.) Oh ! c'est bien, c'est bien, va ! elle ne te regarde pas... Oh ! quel mondain ! Ecoute, Gastelin.

GASTELIN. — Je suis de nouveau ton confident ?

RIMBERT. — Oui. Pour très peu de temps.

Il aperçoit Clémentine.

Scène XIII

RIMBERT, GASTELIN, puis CLÉMENTINE

RIMBERT. — Maintenant, Gastelin, tu vas tâcher d'être bon à quelque chose. Est-ce que tu n'as aucun renseignement sur cette pension de famille ?

GASTELIN. — Je suis déjà venu pour voir des amis que j'avais ici.

RIMBERT. — Tu connais des gens ici ! Et il ne le dit pas ! Allons les voir tout de suite.

GASTELIN. — Mais ils sont partis depuis hier.

RIMBERT. — Malin !

CLÉMENTINE. — Qu'est-ce encore que ces gens-là ?

Elle entre.

RIMBERT. — Voilà une dame.

Il s'incline.

GASTELIN. — Tu la connais ?

RIMBERT. — Je ne l'ai jamais tant vue ! Mais je tiens à être bien avec tout le monde ici.

Il s'incline de nouveau.

CLÉMENTINE, après un salut de tête. — Sauvage !

RIMBERT. — Madame, excusez-moi ! Vous habitez cet hôtel ?

CLÉMENTINE, sèchement. — Oui, monsieur !

RIMBERT. — Voici. J'ai rencontré à Dieppe une jeune personne qui doit habiter ici, et je voudrais bien savoir...

CLÉMENTINE. — Monsieur, il y a un bureau à l'hôtel, il y a même un gérant dans ce bureau. Vous pouvez vous y rendre, et, quand vous aurez décliné vos noms et qualités, il verra s'il juge convenable de vous répondre.

RIMBERT. — Merci de la leçon... J'aurais dû en effet me présenter... Je m'appelle Georges Rimbert.

CLÉMENTINE. — Georges Rimbert ?

RIMBERT. — Mon nom vous dit quelque chose ?

CLÉMENTINE. — Non, non !... C'est à dire peut-être... Vous étiez fiancé, je crois à Mlle Lehugon ?

RIMBERT. — Oui, madame. Vous connaissez la famille Lehugon ?

CLÉMENTINE. — Un peu... Un peu... C'est la famille Lehugon que vous cherchez ?

RIMBERT. — Non ! Non ! Assez de Lehugon ! Mais je vais suivre votre conseil et me rendre au bureau de l'hôtel.

CLÉMENTINE. — Un instant !... Puisque je vous connais maintenant, je puis peut-être vous donner des renseignements utiles : vous cherchez une personne ? C'est une personne un peu... pas très jeune comme il faut ?

RIMBERT. — Oui, madame, c'est ce que vous dites... Mais je ne peux me l'imaginer... Je ne peux pas le croire...

CLÉMENTINE. — On se fait toujours des illusions !

RIMBERT. — C'est une jeune femme que j'ai rencontrée à Dieppe, chez Rita Santarcieri.

CLÉMENTINE. — Chez la belle Santarcieri ?

RIMBERT. — Oui. Avec un vieux bonhomme que vous connaissez sans doute : le vieux Fister !

CLÉMENTINE. — C'est le vieux Fister qui vous a

présenté cette jeune personne ?

RIMBERT. — Oui, oui !

CLÉMENTINE. — Je n'ai jamais eu confiance dans ce Fister !

RIMBERT. — Enfin, madame, je ne pense qu'à cette jeune personne ; je ne peux pas m'imaginer ce qu'elle est...

GASTELIN, à Rimbert. — Alors, tu prends maintenant cette dame pour confidente ?

RIMBERT. — Je prends n'importe qui.

CLÉMENTINE. — Alors, monsieur... pardon si je suis indiscrète...

RIMBERT. — Oui, oui, allez, madame. Vous voyez que je vous ai donnê l'exemple.

CLÉMENTINE. — C'est cette passion que vous avez pour cette jeune femme qui vous a fait rompre votre mariage ?

RIMBERT. — Non, car je ne la connais que depuis trois heures. Mais, si mon marioge n'était pas rompu, je le romprais à cause d'elle.

CLÉMENTINE. — Voyons, jeune homme, je ne me mêle pas de vos affaires, mais vous avez l'air d'un bon garçon, et c'est si rare chez un jeune homme. Vous aviez en train un mariage superbe avec une jeune fille charmante, et il suffirait d'un feu de paille... Est-ce bien sérieux, cette passion subite ?

RIMBERT. — C'est sérieux parce que c'est subit... C'est précisément cette soudaineté, la façon dont cela m'a pris tout à coup, qui me prouvent que c'est très grave...

CLÉMENTINE. — Vous croyez ? C'est une idée que vous vous faites aujourd'hui.

RIMBERT. — C'est une idée qui me prend tout entier. Excusez-moi, madame, je vais me mettre à la recherche de mon inconnue.

CLÉMENTINE. — Non, non. Je vais m'occuper de vous, soyez tranquille. Je suis très intéressée par ce que vous me dites... Grand vilain garçon !...

RIMBERT, à Gastelin. — Elle est d'une complaisance !

GASTELIN. — Tu lui feras un petit cadeau.

RIMBERT, à Clémentine. — Vous êtes bien bonne, madame.

CLÉMENTINE. — Oui, je suis bien bonne. Je vous reverrai tout à l'heure, n'est-ce pas ? Promenez-vous dans le parc.

RIMBERT. — Merci de tout cœur, madame. (A Gastelin.) Viens, Gastelin.

GASTELIN. — Mon vieux, il est tard. On va être inquiet, chez moi.

RIMBERT. — Voilà à quoi il pense.

Il sort avec Gastelin.

Scène XIV

CLÉMENTINE, seule.

Eh bien, je ne suis pas fâchée d'avoir appris ça. (Appelant Lehugon.) Oh ! je ne sais pas ce qu'il fait, ce Lehugon. Il n'est jamais là quand on a besoin de lui. (Lehugon arrive.) Ah ! il est là-bas, à arpenter les allées tout seul, en faisant semblant de réfléchir... Arrivez donc un peu par ici.

Scène XV

CLÉMENTINE, LEHUGON

CLÉMENTINE. — Eh bien, je n'ai pas perdu mon temps. J'ai des nouvelles. Le fiancé de Lucie est ici. Et vous savez, je ne sais pas ce qui l'a fait s'en aller ce matin, mais ce n'était pas sérieux. Car maintenant il court après une autre petite femme, une petite femme qu'il a rencontrée à Dieppe, avec Fister.

LEHUGON. — Avec Fister ? Mais Fister devait aller à Deauville.

CLÉMENTINE. — Eh bien, Fister était à Dieppe.

LEHUGON. — Mais qu'est-ce que ça veut dire, tout ça ?

CLÉMENTINE. — Ça veut dire que votre ami Fister, — il fait un bien vilain métier — était de connivence avec Rimbert... Il s'agit de déjouer ça. C'est ce que vous n'avez pas vu tout de suite.

LEHUGON. — Ce n'est pas possible.

CLÉMENTINE. — Ce n'est pas possible, mais cela est. D'après ce que je comprends, c'est clair comme le jour que c'est Fister qui l'a emmené, le pauvre garçon, et qui l'a mis en rapport avec une petite femme.

LEHUGON. — C'est effrayant !

CLÉMENTINE. — Nous allons dire ça à Jeannine.

(A Lucie.) Allons, ma chérie, M. Rimbert est ici.

LUCIE. — Bon. Ils l'ont vu. Oh ! Ils ne vont donc pas me laisser tranquille ?

CLÉMENTINE. — Il faut savoir à quel moment Fister l'a quittée... Jeannine. Où est-elle ? Jeannine...

Scène XVI

LES MÊMES, JEANNINE paraît sur le perron.

JEANNINE. — Qu'est-ce qu'il y a, ma tante ?

CLÉMENTINE. — Viens, ma petite Jeannine... Elle est encore toute bouleversée, cette petite ! Eh bien, tu as eu beaucoup de peine de ce qui est arrivé à ta sœur, mais tout va s'arranger. (A Lehugon.) Oh ! elle est contente. Ton vieil ami Fister est de connivence avec Rimbert.

JEANNINE. — Comment ça ?

CLÉMENTINE. — Oui. Enfin, moi, je n'y vais pas par quatre chemins, et je dis des choses aux jeunes filles quand on peut les leur dire. Rimbert a fait la rencontre d'une jeune femme à Dieppe, qui était avec Fister.

JEANNINE. — Ma tante, ce n'est pas possible. Fister est allé à Trouville. (On entend un coup de cloche.) Voilà le premier coup du dîner.

Entre la bonne.

LA BONNE. — Mademoiselle, M. Daumas fait demander s'il faut une table à part pour Mademoiselle, et combien de couverts ?

CLÉMENTINE. — Oui, mon enfant. Je vais m'en occuper. Venez, Lehugon. (A Jeannine.) Tout va bien quand je me mêle de quelque chose.

Elle sort avec Lehugon.

Scène XVII

JEANNINE, seule. — Oh ! mon Dieu ! Qu'est-ce qui va arriver ? Pourquoi ai-je fait cela ? J'étais si heureuse , ce matin.

Entre Fister en automobiliste tenant un grand carton de modiste à la main.

Scène XVIII

JEANNINE, FISTER

Fister. — Hé bien, vous voilà ! Hé bien, vous m'en faites faire de belles. J'arrive ici dans une auto de louage, un horrible tacot que j'ai loué cent cinquante francs, avec un seul pneu de rechange. Nous avons éclaté deux fois. La seconde fois, j'ai été obligé d'acheter un pneu dans une ville où nous passions et de laisser ma montre en gage, parce que je n'avais pas d'argent sur moi. Avec ça, on m'avait mis comme mécanicien un pêcheur de Dieppe qui ne devait déjà pas savoir conduire, quand il est à jeun ; et aujourd'hui, il a de l'eau-de-vie jusque dans les yeux. Il n'a cessé de pleurer et d'accrocher les arbres. Il ne reste plus une poule vivante sur la route... Les populations sont exaspérées... J'ai vieilli de quinze ans pendant ce voyage, et je n'avais pas besoin de ça !... Encore heureux que je vous trouve... Je me suis dit que vous étiez venue ici...

Jeannine. — Fister, mon père est ici. Lucie est ici. Mais il faut que personne au monde ne se doute que j'ai été à Dieppe avec vous aujourd'hui.

Fister. — Non, non. J'en ai assez. Plus de cachotteries, plus de mensonges. Ça nous entraîne dans des complications à n'en plus finir. Je vais dire à votre père tout ce qui est arrivé...

Jeannine. — Non, Fister.

Fister. — Si, Jeannine. Votre père me dira ce qu'il voudra, mais je n'ai plus la force de mentir. Je ne sais pas mentir si longtemps que ça... Et puis, où ça nous mènerait-il ? Vous vous êtes déjà compromise horriblement. Vous m'avez fait consentir à ce que vous avez voulu, et, pour ma récompense, vous m'avez laissé en plan à Dieppe, sans me prévenir et sans me dire où vous alliez.

Jeannine. — Fister. Mon petit Fister. Je vous en prie ! Vous n'avez pas le droit de m'abandonner... Je suis affolée !...

Fister. — Vous êtes affolée... Vous êtes affolée... Qu'est-ce qu'il y a maintenant ?

Jeannine. — Il y a qu'il ne faut pas que vous voyez papa, ni ma tante... Attendez jusqu'à demain. Ou, si vous les voyez, je vous supplie, Fister, ne leur apprenez rien, vous entendez, Fister ?... C'est très grave...

Elle veut sortir.

FISTER. — Où allez-vous ?

JEANNINE. — Je vais dans la chambre de ma tante, n'importe où... Si vous rencontrez papa, je vous en prie, ne lui dites rien.

FISTER. — Oh ! c'est très désagréable. C'est très désagréable. Vous ne vous rendez pas compte de ce que vous faites en m'entraînant dans des complications et des mensonges effroyables.

JEANNINE. — Oh ! mon petit Fister, je vous en prie, ne dites rien. Ah ! vous avez levé la main.

Elle rentre dans la maison.

FISTER, seul. — On n'a pas idée d'une gosse pareille. Je ne sais pas ce qui va me tomber sur la tête.

JEANNINE, en sortant, à Lehugon qui entre. — C'est Fister !... C'est Fister !,..

Scène XIX.

FISTER, LEHUGON

LEHUGON, entrant. — Eh bien, Fister ! Tu as passé un bon après-midi ?

FISTER. — Pas très bon, pas très bon !...

LEHUGON. — Tu as conduit Jeannine au château de Grandpré ?

FISTER. — C'est elle qui te l'a dit ?

LEHUGON. — Oui, c'est elle qui me l'a dit... Après ça, tu es allé aux courses ?

FISTER. — Je suis allé aux courses... Oui, oui !... je suis allé aux courses...

LEHUGON. — Tu en es bien sûr ?

FISTER. — Peuh !...

LEHUGON. — Tu n'es pas plutôt allé à Dieppe ?

FISTER. — A Dieppe ? Oui, c'est possible.

LEHUGON. — Tu es allé à Dieppe, Fister.

FISTER. — Oui, je suis allé à Dieppe. (Embarrassé.) Eh bien, puisque tu le sais...

LEHUGON. — Tu es allé chez la belle Santarcieri.

FISTER. — Tu crois ?

LEHUGON. — Et sais tuiqui tu as rencontré chez la belle Santarcieri ?

Fister. — Dis, pour voir !...

Lehugon. — L'ex-fiancé de ma fille.

Fister. — Oui, oui, l'ex-fiancé de ta fille. (A part.) Jeannine aurait dû me dire ce qu'elle avait raconté.

Lehugon. — Tu as présenté une petite femme à l'ex-fiancé de ma fille.

Fister. — Moi ?

Lehugon. — Toi ! Tu t'es conduit comme une petite crapule.

Fister. — Lehugon ! Tes accusations sont injustes, je te le prouverai... mais je te demande jusqu'à demain... Demain, Lehugon, je t'expliquerai tout demain...

Lehugon. — Eh bien, je veux tout savoir aujourd'hui... j'exige que tu me dises tout aujourd'hui.

Fister. — Lehugon, impossible !... j'ai juré !...

Lehugon. — Fister, mais c'est très grave... Si tu ne me dis pas tout, je romps toutes relations avec toi.

Fister. — Je t'en prie ! Je ne peux rien te dire !

Lehugon. — Eh bien, tout est rompu entre nous...

Fister. — Qu'est-ce que tu veux ! Qu'est-ce que tu veux ?... Si tu ne veux pas attendre, que tout soit rompu...

Lehugon. — C'est dit !... Je le regretterai, je ne m'en cache pas.

Fister. — Et moi aussi ! ça m'est très pénible, d'autant plus que je suis ton obligé...

Lehugon. — Ne parlons pas de ça.

Fister. — J'ai été maintes fois votre obligé, je tiens à le dire... Allons ! Allons ! Et même je m'apprêtais à l'être encore...

Lehugon. — Comment ça ?

Fister. — Non ! Non ! Vous ne voudriez pas... Je vous demanderai seulement de dire qui je suis au patron de l'hôtel.

Lehugon. — Pourquoi ça ?

Fister. — Pour une bêtise. J'ai ici un mécanicien ivre qui attend cent cinquante francs... Je vais les demander au patron de l'hôtel. à un étranger.

Lehugon. — Je ne l'entends pas ainsi. (Il tire son portefeuille.) Je ne veux pas, dans cette rupture de nos relations, avoir l'air de chercher un bénéfice. Je vous prie d'accepter ces cent cinquante francs.

Fister. — Vous ne me connaissez pas !

LEHUGON. — Vous ne pouvez pas les refuser.

FISTER. — Mais...

LEHUGON. — C'est une question de délicatesse.

FISTER. — Justement, je ne peux pas.

LEHUGON. — Au moment de nous quitter, vous ne pouvez pas me faire cette injure de me refuser.

FISTER. — Vous considéreriez non refus comme une injure ?

LEHUGON. — Absolument !

FISTER. — Lehugon, j'ai confiance en votre appréciation, c'est votre avis très ferme ?

LEHUGON. — Oui !

FISTER. — Je suis obligé de me soumettre et d'accepter. Je compte vous rembourser bientôt.

LEHUGON. — Ne vous pressez pas trop...

FISTER. — Puisque je reste dîner ici, je vous dirai tout à l'heure quand j'aurai fait mes comptes, la date où je pourrai vous rembourser. Au revoir, monsieur ! Vous recevrez prochainement une lettre chargée.

LEHUGON. — Elle ne me fait pas peur ! (Fister va prendre le carton à chapeau qu'il avait déposé à terre.) Vous êtes dans les modes, maintenant ?

FISTER, hésitant. — C'est une nouvelle affaire.

LEHUGON. — Je ne tiens pas à la connaître.

Sort Fister. Clémentine entre, sortant de la maison.

Scène XX

CLÉMENTINE, LEHUGON

CLÉMENTINE. — Je ne suis pas tranquille, vous savez. La petite n'est pas bien du tout.

LEHUGON. — Qu'est-ce que vous dites ?

CLÉMENTINE. — Qu'est-ce que vous dites !... Vous êtes là comme ça, comme une bûche ! Je vous di que cette enfant n'est pas bien. Je sais soigner les enfants. Qu'est-ce que ça veut dire ? (Apercevant Barillier.) Qu'est-ce que c'est encore que celui-là ?

LEHUGON. — Oh ! c'est un monsieur qui se fait passer pour un savant ; il cherche des relations. Il est venu ce matin à la maison. Ça doit être un de ces arrivistes...

Scène XXI

LES MÊMES, BARILLIER

BARILLIER, à Lehugon. — Ah ! monsieur Lehugon ! je ne pensais pas vous rencontrer ici... j'ai été appelé pour soigner un malade ; c'est une fatalité ! Depuis que j'ai décidé de me reposer, et renoncé à faire de la clientèle, on n'est jamais venu tant me chercher pour des malades. Et des malades ridicules... C'est un monsieur qui se plaint d'avoir le hoquet.

Il voit Clémentine, la salue.

LEHUGON. — Ah ! chère amie, permettez-moi de vous présenter le docteur...

Il cherche le nom.

BARILLIER. — Barillier.

LEHUGON. — Le célèbre docteur Barillier que vous connaissez certainement de nom.

LE DOCTEUR, à un domestique. — Voulez-vous dire que le docteur Barillier est là.

CLÉMENTINE, à Lehugon. — Ecoutez. Si on lui faisait voir la petite ? Je lui ai touché la main tout à l'heure, elle a de la fièvre, elle m'inquiète. Il lui prescrira peut-être un calmant.

LEHUGON. — Je n'ai pas grande confiance en lui... C'est une espèce de savant, un hurluberlu.

CLÉMENTINE. — On n'aura pas besoin de faire ce qu'il nous ordonnera, nous verrons.

LEHUGON. — Enfin ! (Au docteur.) Docteur, je voudrais que vous voyez ma fille qui n'est pas bien portante.

LE DOCTEUR, affolé. — Oh ! Mademoiselle votre fille est souffrante !... Oh ! mon Dieu ! Mon Dieu ! Mon Dieu !

CLÉMENTINE, à Lehugon. Quel effet cela lui fait !

LEHUGON. — Il est un peu timbré !...

CLÉMENTINE. — C'est sans doute la rupture de son mariage !

LEHUGON. — Mais ce n'est pas de ma fille Lucie qu'il s'agit, c'est de l'autre.

BARILLIER. — Ah ! très bien ! très bien ! très bien ! Il s'agit de l'autre !... Bien ! bien ! bien ! très bien ! très bien ! très bien !...

LEHUGON, à Clémentine. — Voilà comme il est.

CLÉMENTINE. — Je vais appeler ma nièce tout de

même, on ne risque rien.

LEHUGON. — Bien ! je ne crois pas.

CLÉMENTINE, appelant. — Jeannine ! (A Lehugon.) Dites, voulez-vous l'appeler, ça m'épuise de crier.

LEHUGON. — Jeannine !

CLÉMENTINE. — Elle se plaignait d'être agitée, d'avoir un peu de fièvre... Voudriez-vous, sans avoir l'air... (Entre Jeannine.) Ma mignonne, le docteur désire causer avec toi.

Scène XXII

JEANNINE, LE DOCTEUR BARILLIER

BARILLIER. — Mademoiselle.

JEANNINE. — Monsieur.

BARILLIER. — Je suis le docteur Barillier. J'ai déjà eu le plaisir...

JEANNINE. — Oui, monsieur.

BARILLIER. — Votre père et une autre dame... (Se reprenant.) une autre personne, m'ont dit que vous étiez souffrante.

JEANNINE. — Et ils vous ont demandé une consultation ? C'est absurde ! Je ne suis pas malade, je n'ai absolument rien.

LE DOCTEUR. — Ne vous récusez pas ; je ne veux pas vous contrarier. C'est moi qui veux saisir l'occasion de vous parler, parce que l'heure est grave, et de vous faire une confidence... (Jeannine le regarde avec étonnement.) j'aime...

JEANNINE, étonnée. — S'il vous plaît ?

LE DOCTEUR, embarrassé. — J'aime une personne... oui, une personne que j'ai rencontrée plusieurs fois à Paris l'année dernière; nous nous sommes parlé, j'ai découvert que c'était la personne idéale... enfin, je l'aime !

JEANNINE. — Mais, enfin, pourquoi cette confidence ?

LE DOCTEUR. — Je puis tout vous dire, puisque vous êtes la sœur de mademoiselle votre sœur... la personne que j'aime est Mlle Lehugon.

JEANNINE. — Ah ! c'est ma sœur ! Cette confidence me paraît moins étrange. Mais pourquoi est-ce à moi plutôt qu'à elle ? Vous pensez que je vais lui transmettre ?

Le Docteur. — Non, mademoiselle. Je me suis déjà permis... Enfin, mademoiselle Lucie connaît mes sentiments.

Jeannine. — Ah ! je comprends ! Comme elle ne vous avait pas répondu favorablement, vous avez pensé que, son mariage étant rompu, elle allait par dépit... Je comprends !

Le Docteur. — Non, mademoiselle, vous ne comprenez pas du tout... (De plus en plus embarrassé.) mademoiselle votre sœur, je ne sais comment vous dire cela, m'a dit,.. plusieurs fois que... enfin, oui... Je ne peux pas vous dire exactement... (Souriant, d'un air gêné.) Il faut que vous deviniez... Il s'agit de quelque chose comme de sentiments partagés.

Jeannine. — Qu'est-ce que vous dites, monsieur ? Ma sœur vous aimerait ? Est-ce possible ?

Le Docteur, humblement. — Mais oui, c'est possible.

Jeannine. — Mais elle aime M. Rimbert.

Le Docteur. — Je ne crois pas... Je ne crois pas...

Jeannine. — Mais elle est désolée de cette rupture!

Le Docteur. — Je ne pense pas... Je suis un peu inquiet de ne pas la voir, mais je suis sûr de ses sentiments... Seulement je suis un peu inquiet de ne pas la voir.

Jeannine. — Ma sœur vous aime et n'aime pas M. Rimbert ? Qu'est ce que cela veut dire ?

Le Docteur. — Ah ! je savais bien que vous étiez généreuse et que vous vous intéresseriez à moi !

Jeannine. — Oh ! monsieur, mais c'est tellement incroyable ce que vous me dites là !

Le Docteur. — Que votre sœur ait pour moi...

Jeannine. — Oh ! cela ne m'étonne pas qu'elle vous aime... Ce qui m'étonne, c'est qu'elle puisse ne pas aimer M. Rimbert.

Le Docteur. — Ah ! c'est un jeune homme si aimable ?

Jeannine, le regardant. — Docteur.

Le Docteur. — Mademoiselle.

Jeannine. — Vous m'avez demandé tout à l'heure ce que j'avais... Je vais vous le dire c'est que j'aime... Mais c'est très grave. Je vous demande le secret professionnel. (Baissant la tête.) J'aime monsieur Rimbert.

Le Docteur. — Ah ! bah !...

Jeannine. — Oui. (Relevant la tête.) Cela me fait

plaisir de le dire à quelqu'un... Alors, n'est-ce pas ?... Moi qui croyais que ma sœur l'aimait, ce matin j'étais partie à Dieppe pour le lui ramener... Nous avons parlé... il m'a dit toutes sortes de choses... de choses très gentilles... Puis, tout à coup, des choses très graves et qui m'ont désespérée parce que j'ai cru que ma sœur l'aimait... Mais du moment qu'elle ne l'aime pas... je suis heureuse... En somme, n'est-ce pas, j'étais partie pour lui chercher son fiancé, je lui en ramènerai un autre... Docteur, tout ce que je vous dis là, je n'aurais jamais osé le dire à ma sœur parce qu'elle est un peu froide avec moi.

LE DOCTEUR, surpris. — Elle ?

JEANNINE. — Cela vous étonne, heureux docteur ! Vous, je vous parle librement, et je vous dit ce que je n'oserais pas lui dire. Quand vous la verrez, je vous charge d'une commission pour elle... Vous lui direz que je l'aime depuis longtemps.

LE DOCTEUR.— Oui, je lui dirai, car je vous aime beaucoup.

JEANNINE. — Oh ! vous, vous êtes un bon gros garçon. Nos relations ne sont pas difficiles. D'abord elles ont bien débuté, vous m'avez fait la plus grande joie de ma vie... Mais je voudrais bien le voir.

Scène XXIV

LES MÊMES, LUCIE

JEANNINE, l'apercevant, au docteur. — Elle va être un peu étonnée. (Appelant.) Lucie, Lucie, Lucie ! Viens un peu !

LUCIE. — Qu'est-ce qu'il y a ?

JEANNINE. — Arrive, que je te dise. (Lucie s'arrête, interdite. Jeannine se jette au bras du docteur, et très joyeusement.) Lucie, j'ai fait la connaissance d'un de tes amis. Il est bien plus gentil que toi, tu sais ? Il est bien moins cachottier, et puis c'est un docteur excellent.

BARILLIER. — Oh ! Non !

LUCIE. — Qu'est-ce que ça veut dire ?

JEANNINE. — Ça veut dire que j'étais allé chercher ton fiancé, et que je t'en ramène un autre. Maintenant on va être amis ensemble. les amis de nos amis... et je suis au mieux avec le docteur.

LE DOCTEUR. — Oh ! mais voilà quelqu'un d'autre qui vient là-bas!

JEANNINE, devinant, avec les larmes aux yeux. — Oh ! non, je ne veux pas le voir ! je ne veux pas le voir encore.

RIMBERT, au fond, à Gastelin. — La voilà ! Attendons qu'elle soit seule.

LUCIE, regardant Barillier. — Qu'est-ce que c'est ?

BARILLIER, inclinant la tête. — Oui.

LUCIE, attendrie, et embrassant Jeannine. — Ah ! je comprends ! Pauvre petite !... (Changeant de ton.) Oh ! bien, maintenant, c'est toi qui vas venir. C'est mon tour...

Elle la prend par le poignet et l'entraîne vers Rimbert, qui s'arrête, interdit.

Scène XXIV

LES MÊMES, RIMBERT, GASTELIN

LUCIE. — Monsieur Rimbert, il y a longtemps que je veux vous présenter cette jeune personne...

RIMBERT. — Comment, vous connaissez ?...

LUCIE, présentant Jeannine. — Ma sœur, mademoiselle Jeannine Lehugon. C'est une petite entêtée qui veut marier les gens de force, seulement elle s'est prise elle-même à ce jeu-là.

RIMBERT. — Je sens que je suis très heureux, mais je ne comprends pas très bien encore. Comprends-tu, Gastelin ?

GASTELIN. — Oh ! moi, il ne faut jamais me demander ces choses-là.

Scène XXV

LES MÊMES, LEHUGON

LEHUGON. — Qu'est-ce que tout cela veut dire? M. Rimbert est ici maintenant ?

RIMBERT. — Oui, monsieur. Je suis là de nouveau et je viens vous demander la main de votre fille.

LEHUGON. — Ma fille !... Alors vous changez d'avis ?

JEANNINE. — Non, papa, il ne change pas d'avis ; il change de fiancée. C'est ma main qu'il te demande.

LEHUGON. — Ah ! mes enfants, vous êtes gentils ! Vous êtes bien gentils, mais vous m'en dites trop à la fois...

RIMBERT. — Et je vous demande encore la main de mademoiselle Lucie... Ce n'est pas pour moi, c'est pour le docteur.

LEHUGON. — Le docteur...

LUCIE. — Barillier.

BARILLIER. — Le célèbre docteur !... Barillier.

RIMBERT. — Un de mes excellents amis.

Scène XXVI

LES MÊMES, CLÉMENTINE

CLÉMENTINE. — Eh bien, quoi ? Y a pas moyen de vous avoir à table... J'ai commencé ; qu'est-ce qu'il y a ?

LEHUGON, ahuri. — Il y a que tout à l'heure je ne mariais pas ma fille, maintenant je les marie toutes les deux, mais je ne sais pas comment ça a pu se faire.

CLÉMENTINE. — Eh bien, c'est que je m'en suis mêlée !

LEHUGON. — J'espère pourtant qu'on va me dire, à moi.

JEANNINE. — Sois tranquille, papa, on va t'expliquer...

Fister rentre avec une dépêche à la main.

Scène XXVII

LES MÊMES, FISTER

FISTER. — Ah ! Une nouvelle sensationnelle ! Mon dirigeable est au Havre ; il est arrivé de Paris ce matin.

LEHUGON. — Il est allé de Paris au Havre ?

FISTER. — Oui, mon cher ami. En chemin de fer ! Les essais commencent le mois prochain.

RIDEAU

Imprimerie de L'*Illustration*, 12, rue [illegible]

www.ingramcontent.com/pod-product-compliance
Ingram Content Group UK Ltd.
Pitfield, Milton Keynes, MK11 3LW, UK
UKHW020938180726
13838UKWH00003B/1011

9 782329 375052